日本比較法研究所翻訳叢書
89

ドイツ家族法・
デジタルコンテンツ法の
現代的課題

ベッティナ・ハイダーホフ 著

鈴木博人／マーク・デルナウア 編訳

**Aktuelle Probleme im deutschen Familienrecht und
im Recht der digitalen Inhalte**

Vom
Bettina Heiderhoff

中央大学出版部

装幀　道吉　剛

ベッティナ・ハイダーホフ教授 近影

序　　言

　ミュンスター大学と中央大学は、すでに40年以上にわたって安定したパートナーシップを維持し、大きな成功を収めてきました。この間、多くの同僚が交流の恩恵を受けてきました。数多くの実りある学術的協力関係やさらには個人的交友関係も育まれてきました。

　2023年5月には、私も、このパートナーシップの一環として、中央大学に客員教授として3週間滞在することができました。滞在期間中、中央大学の同僚たちとの多くの素晴らしい出会いがあり、とても温かく迎えてもらいました。忘れられない時間でした。すべての中央大学の同僚と猪股孝史法学部長（当時）・柳川重規日本比較法研究所長（当時）に心から感謝いたします。また鈴木博人氏にお礼申し上げます。すべてのコーディネートと私が快適に過ごせるように、親切かつ寛容な対応をしてくださいました。他方で、専門領域の近さも私たちをむすびつけており、多くの興味深い家族法の問題について話し合うことができました。

　中央大学滞在中、私は3回の講演を行いました。本書は、それらの講演内容をまとめたものです。各講演の内容は、全く異なるものになっています。法学者という私たちの職業の多くの利点の一つは、さまざまな領域のテーマに取り組めるということです。本書に収録する三つの論考には一つの共通点があります。それは、私が個人的に重要であると考えるドイツ法が直面しているアクチュアルな問題を扱っているということです。

　ただし、立法の状況は異なっています。デジタルコンテンツに関する消費者契約のためのヨーロッパの新しい規定については、私はすでに行われた改正について説明しています。新法の解釈には多くの疑義がある上に、2年たった今でも最高裁判所の判決は出ていないので、法律学には、規範の理解に強い影響を与えるチャンスがあります。

　血統法については、ドイツでは長いことその改正が待ち望まれています。新

法の草案はすでに何度か出されており、現在再び新しい草案の提出が待ち望まれています。したがってドイツには、他のヨーロッパの法制度から説得力のある要素を取り入れ、現代的な血統法を作る機会が、引き続き残されています。

　婚姻法については、立法者はとりわけ苦労しています。現行の婚姻法が若者の結婚に対する期待にもはや応えられなくなっていることについては、社会的に多くの議論がなされていますが、現在のところ改正提案はなされていません。私は、本書に収録する論考で、婚姻法についても改正の必要があるということを示したいと思っています。

　本書の出版にあたって、日本語への翻訳の労をとっていただいた同僚のマーク・デルナウア氏と鈴木博人氏に心からお礼申し上げます。

2024 年 8 月　ミュンスターにて

Bettina Heiderhoff

ベッティナ・ハイダーホフ

目　　次

第1章　現代血統法の目的に関する比較法的考察 ……………………… *1*

第2章　婚姻イメージの変化と婚姻法の変化
　　　　──基本法6条1項を背景とした婚姻法の今日的課題── ……… *45*

第3章　デジタルコンテンツに関する消費者契約に対する
　　　　欧州連合（EU）の新しい法規制 …………………………… *77*

第1章

現代血統法の目的に関する
比較法的考察

I. 序　　論

　法的親子関係の決定についての目下の問題は、ヨーロッパ全土で似たような状況にある。現代のしばしば伝統にとらわれない家族形態は、生殖補助医療の可能性も加わって、伝統的なルールにはもはや合わない状況をもたらしている[1]。このことは、いわゆる pater est ルール（訳者注：母の夫が子の父であるとするルール）を見るだけでも明らかである。pater est ルールは、ヨーロッパ全土で適用されている[2]。このルールによれば、母の夫が子の法的な父である。かつてはこのルールによって、大多数の子にとっては、何はともあれ父親は確定した──ほぼすべての母親が、子を産んだときに結婚していたからである。

　ドイツとスイスでは、現在でもなおおよそ3分の2の子どもは婚姻中に生まれている[3]。しかし、フランスでは、60％以上の子が婚外で生まれている[4]。ヨーロッパのいくつかの国ではそれ以上である。そこで、pater est ルールとは別のルールが必要になっている。というのは、これらの子どもも単純かつ確実に二人目の法的な親を手に入れることが重要だからである。

　しかしながら、今日では、母が出産時に結婚しているときでさえ、„pater est"は、もはや必ずしもいつもあてはまるわけではない。この間、多くのヨー

---

1)　ただし、VASKOVICS, Segmentierung und Multiplikation der Elternschaft und Kindschaft: ein Dilemma für die Rechtsregelung?, RdjB 2016, 194.

2)　ただし、フランスでは、民法第313条により、母親は父親の氏名を届け出ることなく子を登録することができる。

3)　ドイツについては、Statistisches Bundesamt, Anzahl der ehelich und nichtehelich Lebendgeborenen in Deutschland von 2000 bis 2021（ドイツで2000年から2021年に生まれた婚内子と婚外子の数）、引用元は、de.statista.com, 2022, https://de.statista.com/statistik/studie/id/79072/dokument/geburten/, 18.

　　スイスについては、Bundesamt für Statistik, Statistik der natürlichen Bevölkerungsbewegung（2005-2021）、引用元は、https://www.bfs.admin.ch/bfs/de/home/statistiken/bevoelkerung/geburten-todesfaelle/geburten.assetdetail.22804004.html.

4)　https://www.insee.fr/fr/statistiques/2381394.

ロッパ諸国では、子どもが同性婚で生まれることが可能になっている——つまり、子を出産する女性には夫ではなくて、妻がいるためである。この場合、子には二人の母がいるのだろうか？　この点については、様々な法体系によって見方は異なっている——このことがさらなる要件なしに肯定されているところはどこにもない。

　本稿は、できるだけ多くの法制度を紹介しようとするものではない。そうではなくて、本稿の関心は、血統法（Abstammungsrecht）の現代的問題に対するいくつかの興味深い解決策を際立たせることにある。そのために、ヨーロッパの法制度から選ばれたいくつかの例が取り上げられる。その際、本研究は法規によって追求される目標に焦点を当てて、現代血統法がどんな根本的な目的を果たすべきかを示そうとするものである。

　本稿は、血統法の目的についてのいくつかの一般的な考察から始める。続いて、相互に関連する三つのテーマを取り上げ、それについてやや徹底的な比較検討を行う：

　(1)　最初は、法的な父たる身分の取得をめぐって二人の父が争うときに生じる、すでに比較的古典的、あるいは以前から知られた問題である。この場合、子にはすでに法的な父——つまり、しばしば母の夫——がいるが、もう一人別の男性、つまり、子をもうけた男性——現在、生物学的な父と呼ばれる——がおり、彼もまたこの法的な父の地位を得たいと考えている。

　これまでのところ、ヨーロッパでは、単純に子の法的な父を二人とすること、その場合には子は一人の母と二人の父をもつということはまだ一般的ではない——しかし、どのような解決策があるのか、この後見ていきたい。その際、父子関係の否認および二人目の親の地位はそもそもどの程度安定的なものとして設定されるべきかという問題全体にも大きくかかわってくる。

　(2)　次に二重の母子関係、つまり一人の子は、自分を産んだ母とならんでもう一人、二人目の母をもつことができるかどうかという問題を考察していくことにする。すでに述べたように、ヨーロッパでは、この問題は、同じように全

く異なる扱いを受けている——そして、この問題も全く単純なものではない。事情によっては、父としての役割も喜んで引き受けたい生物学的父のことも考慮しなくてはならないからである。そこで、出産時からの二重の母子関係を導入したヨーロッパの法制度では、医学的補助をうけた人工授精が行われたときだけに限定して二重の母子関係を規定しているのがほとんどである。

（3）それから、三つ目の問題として、議論の的になっている生殖方法としての代理母について論じることにする。もちろん、そこでは、主に生殖医療法の範疇に含まれる代理母の可否を一般論として扱うことはできない。むしろ、代理母についても立法者の意図は全く異なることがありうるということを認識する必要がある。さらに、このことは、法律上の規定にしたがうと子を望んだ親が子の法的な親になるのかどうか、あるいはどのようにして子を望んだ親にとって親としての地位を得ることができるのかにも反映される。

最初に用語について記しておく。本稿では、父および母という語がしばしば使われている。父および母という語はわかりやすい語であり、法律規定でも父および母という語が用いられていて、現在行われている議論でもなお広く普通に使われている。しかしながら、この父および母という語は、将来の血統法の規定では使われるべきではないだろう。父・母という語が将来の法規定では用いられず、父・母という語の使用を避けることは、親あるいは親になる見込みがある者の平等な権利を保障することになるからである。血統法では、生殖への関与、そして特定の文脈では懐胎と出産も問題になるかもしれない。他方、性別は重要ではなく、性別を強調すると法制度内での矛盾や基本的権利の侵害につながる。特に、法制度上、生来の性別にしたがって男性と承認される人[5]が、それにもかかわらず引き続き子の母として扱われることはありえない。しかし、残念ながらドイツ法では、現在、男性と認定される人が子の母とされる状況が続いている[6]。

5）　ドイツ連邦政府の連立協定は、性別選択の際に血統法上妨げられてはならない自由な性別選択の導入を定めている（協定 95 頁）。https://www.spd.de/fileadmin/Dokumente/Koalitionsvertrag/Koalitionsvertrag_2021-2025.pdf. 参照。

Ⅱ．血統の効果

　［前述の］血統法上の関心問題を論じることができるようにするには、なぜ血統がそもそもそれほど重要なのか簡単に振り返って比較検討してみることが有用だと思われる。端的にいうと、大部分の法制度では、血統とはすべて――つまり子の法的関係すべて――、誰が子の面倒を見て、教育する――つまり、親の配慮を行う――のか、誰が子の養育費を支払わねばならないのか、子はいつの日か誰から相続し、子はどの国の国籍をもつのかに関わるのである。ドイツとスイスでもこのことは同じようにあてはまる。

　しかしながら、ヨーロッパの他のいくつかの国では、若干異なっている。

　フランスでは、原則として、たしかに子に対して法的な親の扶養義務も存在する。しかし、父の扶養義務は、フランス民法第 342 条以下により、すでに子の生物学的な受胎によってだけでも生じ、したがって法的出自によって獲得される身分に拠らない[7]。ただし、これは、一定の制限の下でのみ適用されるものである。とりわけ、子に法的な父がいるときには、生物学的な父の扶養義務は退く、つまり生物学的な父の扶養義務は補助的なものになる。

　イギリスでは、法的な血統の意義は全体としては他の多くのヨーロッパ諸国ほど包括的なものではない。イギリスでは事情によっては、社会的家族が、子に対する重要な義務の多くを引き受けることができる[8]。子がある家族のなかで「その家族の子 (child of the family)」として成長する場合、社会的な親が、子を法的に産んだ人でもあるかどうかは重要なことではない。むしろ、養育費を支払う義務は、親としての役割を引き受けた人に移される。加えてこのこと

---

6)　BGHZ 215, 318 = NJW 2017, 3379（WAPLER の注釈あり）、FamRZ 2017, 1861; 詳しくは、JÄSCHKE, Das „dritte Geschlecht“ und das Abstammungsrecht, FamRZ 2018, 887; 法文の提案を伴うものとして、COESTER-WALTJEN, Die Herausforderungen der Reproduktionsmedizin für das deutsche Abstammungsrecht, FF 2022, 279.

7)　SCHELIHA, Familiäre Autonomie und autonome Familie, Baden-Baden 2019, 198 f.

8)　詳しくは、HERRING, *Family Law*, 10. Auflage 2012, Pearson S. 409.

は、同居期間だけでなく、永続的なものである場合さえある[9]。そのため、離婚時には、子が「家族の子」だったのかどうかが激しく争われることが稀ではない。しかし、子が「家族の子」として生活しているだけで、社会的な親が法律上親の配慮［権］をもつわけではない。そのためには、拘束力のある法的措置が必要であり、簡単にいえば、関係する両親間の正式な、裁判所が承認した合意[10]か、親責任に関する命令のどちらかを必要とする[11]。

興味深いのは、国籍取得についての細かな違いである。ほとんどの国では《Jus sanguinis・血統主義》が適用される。つまり、法律上の両親のどちらかが国籍をもっていれば、出生時に市民権を取得する。ドイツではまさに血統主義が適用されている。しかし、イギリスとフランスではこの点でもまたいささか事情が異なる。特にフランスでは、部分的には今なおいわゆる Jus Soli（出生地主義）が適用されている。出生地主義によれば、フランスで生まれたことにより、——少なくとも理論的には——フランス国籍を取得する。しかしながらやはりフランス国籍の取得はそう単純なことではなく、国籍取得は、様々な条件に紐づけられている。フランス国籍の親をもたない者はたしかに法律により——つまり帰化することなく——フランス国籍を取得するが、早くても 18 歳の誕生日を迎えてからであり、かつ青年期に十分な年数をフランスで過ごしたときだけである[12]。ただし、その場合フランス人の両親の血統は国籍取得のためには無関係（unerheblich）である。

イギリスではまた違うが、出生地主義（Jus Soli）の名残もある。イギリスでは、外国人の親の子は、イギリスで生まれるだけでイギリス国籍を取得するこ

---

9) Matrimonial Causes Act 1973 s 52; Sch 1 to the Children Act 1989 s 10 (5) (a) or the Domestic Proceedings and Magistrates' Courts Act 1978, s 38.

10) Artikel 4a brit. Children Act 1989.

11) この点について詳しくは、DAVIES/BASUITA, Family Law, 9. Auflage 2017, S. 272.

12) フランス民法 21-7 条。フランス民法 21-11 条により様々な免除規定が存在する。例えば、子が 5 年間フランスで生活していれば、その子は 16 歳からフランス国籍を要求することができる。この点についてのドイツ語文献としては、KATZENMAIER, Frankreich, in: RIECK/LETTMAIER, 22. Ergänzung Februar 2022, Rn. 31.

8

とができる[13]。しかし、イギリス法では、子の出生時に、その親がイギリスに「定住している」ことも必要とされる。したがって、イギリスでは結果的に国籍取得のためにもはやり血統が常に関係している。

これらの数少ない典型的な例がすでに示しているのは、むしろ血統の重要性は変わらないということである。血統は、大多数の国で扶養、国籍、氏名および相続権に関係している。血統は親の責任にも影響するが、この点については両者の関係は単純なものではない。ドイツ法では――例えば、スイス法でも――、子の出生時に子の母と婚姻していない父は、法律上親の配慮をもたない[14]。

Ⅲ. 親子関係規定の関心事

1. 血統法改正の必要性

全体として、最近10年で――一部ではもっと早くに――非常に多くのヨーロッパ諸国は自国の血統法を改正した。行われた改正にはごく小規模なもの[15]もあるが、より根本的なもの[16]もある。

ドイツでは、数年前から法改正が目指されている。しかしながら、改正議論の進行は残念なものになっている。何年も前から計画され、十分に準備されてきた改正[17]は、憲法上の大きな圧力があるにもかかわらず[18]、ささいな政争のために前回の立法期では失敗に終わった。2024年には、いわゆる「論点ペー

---

13) British Nationality Act 1981 sec. 1 (1) (b).

14) ドイツでは、民法1626a条以下が、スイスでは民法298a条が適用される。

15) 例えばポーランド。ポーランドの改正について詳しくは、Korrekturen des Abstammungsrechts, neue Regelungen über den vom Vormundschaftsgericht bestellten Pfleger des Kindes sowie weitere Tendenzen im polnischen Familienrecht, FamRZ 2020, 1448. 参照。

16) スペインでは、2015年に、より包括的な改正が行われた。この点については、FERRER I RIBA, Außergerichtliche Trennung und Scheidung, Abstammungsklagen, Zuordnung der Mutterschaft und offene Adoption im spanischen Familienrecht, FamRZ 2016, 1557, 1559 f. 参照。

パー」[19] が公表された。このペーパーからは現連立政権の重要な計画を読み取ることができる。連立政権は今立法期終了（2025 年秋）までに改正を成し遂げたいと考えている。ただし、これは実現が難しいだろう。

　はじめに、そもそもなぜ血統法が改正されるべきなのか、あるいはそれどころか改正されなければならないのかという疑問が生じるかもしれない。この問いに答えることは簡単だが、その答えには少し意外なこともある。民主主義社会では、家族の生活形態を特定する（bestimmen）ことはできないということに気づかなくてはならない。家族は自然に形成されるものである。両親が結婚していない家族や、二人の母親が親の役割を担う家族がますます増えるとしても、それは妨げることはできないし、また妨げてはならない。しかし、それでも国家にはやるべきことがある。つまり、家族法には、おそらくその最も重要な機能として、すべての子どもを保護するという任務がある。家族法の法規範は、子どもが可能なかぎり安全に成長できるようにするために存在する。もっ

---

17)　Diskussionsteilentwurf des Bundesministeriums der Justiz und Verbraucherschutz については、https://www.bmj.de/SharedDocs/Gesetzgebungsverfahren/Dokumente/DiskE_Reform_Abstammungsrecht.pdf.jsessionid=D1FA0E16F7F34A88BCE5E50C50970ED3.2_cid297?__blob=publicationFile&v=1 を参照。BMJV（Hrsg.）Arbeitskreis Abstammungsrecht – Abschlussbericht Empfehlungen für eine Reform des Abstammungsrechts, Berlin/Köln 2017 については、https://www.bmj.de/SharedDocs/Downloads/DE/PDF/Berichte/07042017_AK_Abstimmung_Abschlussbericht.pdf.jsessionid=D1FA0E16F7F34A88BCE5E50C50970ED3.2_cid297?__blob=publicationFile&v=4 を参照。HELMS, Rechtliche, biologische und soziale Elternschaft – Herausforderungen durch neue Familienformen, in: STÄNDIGE DEPUTATION DES DEUTSCHEN JURISTENTAGES（Hrsg.）, Verhandlungen des 71. Deutschen Juristentages Essen 2016, München 2016, Band I Gutachten F.

18)　この点については、例えば、Reuß, Das Abstammungsrecht auf dem verfassungsrechtlichen Prüfstand, FamRZ 2021, 824、すべての問題をまとめているものとしては LUGANI, Warten auf die Abstammungsrechtsreform, ZRP 2021, 176. を参照。

19)　Eckpunkte des Bundesministeriums der Justiz für eine Reform des Abstammungsrechts vom 16.1.2024, https://www.bmj.de/SharedDocs/Downloads/DE/Themen/Nav_Themen/240115_Eckpunkte_Abstammungsrecht.pdf?__blob=publicationFile&v=2.

10

といえば、両親が不仲であっても、子どもが普通とは異なる状況で生まれるとしても例外なしにである。

厳格で、伝統的なルール——つまり、pater est ルール、認知および親子関係確認——を保持する血統法は、上記の要請にもはや対応できない。

しかし、今や、そもそも血統法の関心事——あるいはもっと明確にいうならば血統法の規整目的——は何なのかという問題はもっと精査されなくてはならない。実際、血統法の第一の目的はもうすでにはっきりしている。子どもの福祉がそれである。しかし、本稿ではもっと詳しく見ていくことが必要だろう。

2. 血統法の古典的目的

まず第一に、血統法によって身分が与えられるということは明らかである[20]。人は「母」または「父」になる。しかし、このことが、あっさりと身分の付与自体を規整目的とする誘惑にかられてはならない。そうすると、誰が正確に親として指定されるかは——少なくとも真っ先に挙げられる——問題ではなくなる。肝心なのは、身分が与えられるということであり、そして場合によっては——少し皮肉な言い方をするなら——誰か大人が子の経済的扶養の責任を負うということであろう。

しかし、重要なのは、当然、ほかでもないどの人に親の身分が付与されるかである。血統法の諸規定は、このことを扱っていて、その点について血統法規定は国により全く異なることもありうる。

何度も挙げられている昔から知られた血統法の規整目的が存在する。

まず第一にこの規整目的に含まれるのは、身分の明確性と身分の安定性であり、身分の明確性と安定性は達成されるべきものである[21]。両者はきっちりと重なり合っている。核心は血統の安定性に見ることができる。血統の安定性と

---

20) Reuß, Theorie eines Elternschaftsrechts, Berlin 2018, 130; 血統法における身分概念一般については、Röthel, Was kann der Staat? Der Statusgedanke im Abstammungsrecht, in: Röthel/Heiderhoff, Regelungsaufgabe Vaterstellung: Was kann, was darf, was will der Staat?, Frankfurt am Main 2014, 89.

は、子どもは、何度も新しい親を得ることはできない——そしてたしかに血統は否認の結果一度変わるときでも、出生時から適用されるということである[22]。

　ふつういつも挙げられる次の目的は、明らかにより実質的な性格をすでにもっている。身分の真実性——つまり、遺伝的に真正な子と親の関係づけがそれである。

　身分の明確性と安定性、加えて真実性も、伝統的に様々な国の血統法に反映している要素である。

　しかし容易にわかるのは、ほかならぬこの身分の真実性は例外なしに適用できるものではないということである。このことは、すでに、まさに、夫が子を本当にもうけたのかどうかに着目したものではない pater est ルール自体が示している。しかし、pater est ルールと同じように普及しているもう一つのバリュエーション、つまり 300 日ルールが存在する[23]。このルールが示しているのは、子が離婚後に出生する場合もなお夫が子の父であるとみなされるということである。それも 300 日間。つまり、妊娠がほぼ継続する長期間である。

　そして、この奇妙な規定は、血統法の「真の」目的を探求するときに、今や奇妙さがさらに増すのである。ここでいう「真の目的」を見きわめるためには、結局のところ、ひたすら「なぜ」という問いを立てるほかない。なぜ 300

21）　ただし、GERNHUBER/ COESTER-WALTJEN, Familienrecht, 7. Auflage München 2020, § 52 Rn. 12 ff; HELMS, Abstammungsrecht und Kindeswohl, in: RÖTHEL/ HEIDERHOFF（HRSG.）(Fn. 20), 19.

22）　もちろん、血統は、実際に無条件に常に出生時から終生同じでなければならないのかは、議論する価値ある問題である。この点について批判的なのは、HEIDERHOFF, Die Vaterschaftsklärung und ihre Folgen – von der Vaterschaftsanfechtung zur Vaterschaftsbeendigung?, FamRZ 2010, 8.

23）　このような推定が見られるのは、例えば、スペイン Art. 116 span. Código Civil; 類似のものは、Art. 1465 griech. Zivilgesetzbuch, Art. 3.140 lit. Zivilgesetzbuch（ギリシア）und § 85 Abs. 1 slow. Familiengesetz（スロバキア）；ポーランドでは、規定は改正後も引き続き維持された。ただし、例外として子どもが別居後 300 日経過後に出生したときにはこの規定は適用されない。この点については、BUGAJSKI, FamRZ 2020, 1448 f.

日ルールが存在するのか？　あるいはもっと一般的にいうならば、そもそもなぜ血統は、明確かつ安定的に規定されなくてはならないのだろうか？　そしてすべからく国家は、なぜ「真実の」、つまり遺伝的な親を法的な親にしようとするのだろうか？　逆に次のように問うこともできる。つまり、なぜ必ずしもいつも単純に生物学的な父が法的な父でもあるというわけではないのだろうか？

　このように典型的な血統法の規定の背景を考えてみると、血統法の規定の背景には、すでに以前から、ほとんどいつも——一部には残念ながらはっきりしない点があるが——同じ考え方が存在していることがすぐにわかる。つまり、（二人の）親をもつ子どものできるだけ良好で、保護された成長という考え方である。

　この考え方は、ごく古い規定にさえ見られる。子どもが pater est ルールのおかげで母の夫の子であるとされれば、それには多くの利益がある。というのは、まず第一にこのルールは確実かつ簡単に適用でき、第二に母の夫は多くの場合、生物学的な父でもあるからである。第三に、夫が生物学的な父ではないときでも、子どもは法的な母と法的な父との家族的一体性のなかで成長することができる蓋然性が高いのである。

　子どもの福祉を重視する考え方は、300 日ルールの下では難しくなる。なぜ子どもの父を母がすでに出産の 300 日前に離婚した男性にしなければならないのだろうか？　かつては、それも子の利益であると考えることができた。一つには、このようなやり方で何はともあれ要するに子どもは法的父をもったということである。そのうえ、かつては、子どもが 300 日ルールの結果、なお嫡出子とみなされるということも重要だった。今日では、このルールに固執することはもはや意味はなく——時代遅れの道徳観念の産物にすぎないとはっきり言わなければならない。さらに、300 日ルールは、関係者全員に面倒なことを引き起こすだけである。というのは、300 日ルールの下では、前夫による父子関係の否認が申し立てられることがきわめて多くなり、かつ生物学的な父が子を認知しようとするときにも、苦労して、法的父が交代させられなければならな

いからである。

3. 重要ではあるが、難しい子の福祉の意義

a）限定

　これらのルールをほとんどすべてのヨーロッパ諸国で見出すことができるの
は、つまりは、すべての子どもは、安全かつしっかりと面倒を見られて、特定
の（feststehenden）、子どもにとって相性のいい親と一緒に成長することができ
るように、身分法上、二人の親の子であるとされなければならないからであ
る。そこで、――ある意味では――血統法でも、親子法では常に中心になり、
そして常に中心にならなければならないこと、つまりほかでもない子どもの福
祉が中心になるのである[24]。

　しかし、出自に関するどのルールが子の福祉に最も適うのかを考えてみる前
に、明確な説明、あるいはおそらく警告さえ必要であろう。つまり、子どもの
福祉が血統法上の規定の目的でなければならないというここで明らかにした考
え方は、家族法実務で日常的に登場する、子どもの福祉という構想の理解の仕
方や適用方法とは異なるものである[25]。実務上、特に配慮権や交流権をめぐる
争いでは、子の福祉が顧慮されることが多い。これらの紛争手続きでは、常に
具体的事件での個々の子どもが問題になる。両親が、子どもは誰とどのくらい
の時間過ごすべきか、あるいは両親のうちどちらが特定の配慮法上の権限を保
持するのかを争うとき、父母のどちらが世話や教育の適性があるかがきわめて
詳細に審査される[26]。簡単にプラカードに書かれているようにいえば、親同士
が比べられているのである。

24）　この点を強調するのは、COESTER-WALTJEN, Statusrechtliche Folgen der Stärkung
　　der Rechte der nichtehelichen Väter, FamRZ 2013, 1693, 1699.

25）　そこで、HELMS（Fn. 21）は、血統法における子の福祉の強調に対してきわめて
　　懐疑的である。

26）　基本的なことについては、COESTER, Das Kindeswohl als Rechtsbegriff, Frankfurt
　　am Main 1986.

血統については、個別の子の福祉の審査という形は存在しない。血統の場合は、常に抽象的なレベルで親の決定が行われる。したがって、具体的な子どもにふさわしい人を探し出すために複数の具体的な親候補者（Elternanwärter）の適性を比較することはない[27]。このような措置は、——少なくとも原則として——基本権侵害として非難されなければならないだろう。ドイツではこのことは特に明白である。というのは、基本法上保護された親の権利が基本法6条2項で明確に強調されているからである。自分の子の面倒をうまく見ることができない人も上述の権利をもっている[28]。したがって、血統法では、二人目の親の地位（der zweiten Elternstelle）を占めるのに最もふさわしい人物を決定するのに役に立つ一般規定の策定が焦点になる[29]。

したがって、血統法では、配慮権紛争のときとは異なる形での子の福祉概念（Kindeswohlgedanken）が存在するとしても、血統についても常に子の福祉が問題になるということを決して忘れないことが重要である。

しかし、血統法上の**どの**帰属原則（Zuordnungsgrundsätze）が子の福祉に資するのか問うならば、時代を超えて確定したものはない。このことは、まさに、300日ルールについて示された。血統の真実性についても、変化した家族の行動様式が、真実性の意義が低下したり——あるいはことによると逆に上昇したりすることにつながるかもしれない。

b）血統の真実性と子の福祉

現時点ではなお、長い経験から受け継がれてきたものが正しいと考えることができる。人と人との間の遺伝的なつながり——つまり、血統の真実性——

---

27)　一部で子どもがその親から引き離された全体主義的システムでさえ、それは血統法によってではなくて常に養子縁組によって行われたのである。

28)　BROSIUS-GERSDORF, Art. 6 GG, in: DREIER/, Grundgesetz-Kommentar, Bd. I, 3. Aufl., Tübingen 2013, Rn. 161.

29)　*Bary*, Zurück auf Los? Die Vaterschaftsanfechtung nach Anerkennung wider besseres Wissen und das Kindeswohl, ZEuP 2021, 981, 995. も、この点について注意を喚起している。

は、永続的な個人的な結びつきを築くのに適している傾向がある。これを昔からの諺は「血は水よりも濃い」と言っている。

したがって、血統の真実性は、永続的な個人的な結びつきを特別に期待させる側面、すなわち、単なる物質的な面倒見を超えて、子にとって理想的には達成されるべきことの核となる要素なのである。

しかし、血統の真実性は、それ自体で価値があるというわけではなくて、本来ならばこの真実性が実際に、上記の利益をもたらしそうなときにのみ尊重されるべきものである。その他の場合には、血統の真実性を一定の場合には無視することは、われわれには全く当然のことである。匿名で、医療的補助をうけた精子提供の場合、精子提供者は法的父にはならないものとされ、第三者による精子提供の実施依頼、母の夫が法的な父性を獲得することは明らかである[30]。今日、多くの国では、異性夫婦だけではなく、未婚や同性カップルにも第三者の精子提供の利用を認めると定められている。その場合、通常は、第二の親は、第一の親（原則として母）の人工授精に同意した人物である（詳しくは、Ⅳ．2．参照）。

c）血統の真実性を超える子の福祉

現代的な家族形態では、血統の真実性は、もはや何の役にも立たないことが多い。このことは、とりわけ、第三者提供精子あるいは卵子提供が利用されるとき——私的な枠組みであろうと病院で匿名化された形であろうと——にあてはまる。しかしそれにもかかわらず、血統法のルールと最優先の目的としての子の福祉との「つながり」は維持されなければならない。このことは、多くの場合——幸いにも——、改正論議でも明らかである。

ヨーロッパではまだどの国でも実現していない多数の親がいる親子関係

---

30) ただし、判例が突然、子どもは精子提供者を知る権利を有するとして、その結果子どもは精子提供者を父としても確定させることも可能になった後、ドイツ法で生じた一時的な危機については、MOTEJL, Das Recht des durch Samenspende gezeugten Kindes zur Anfechtung der Vaterschaft, FamRZ 2017, 345.

（Mehrelternschaft）の可能性については、子の福祉との関連がきわめて明確に強調されている。子が、血統法上、二人以上の親をもちうるかどうかが、学術的には、すでに長いこと議論されている。とりわけオランダでは、血統法の立法の枠内でも、この可能性が導入されるべきかどうかがきわめて具体的に議論された。このことは、すでに2016年に発議されて、現在までまだしかるべき法律改正に至っていない改正プロセスの対象である[31]。

同国政府が設置した委員会は、私たちにとって興味深いこの問題を、主に子の福祉にとっての有用性に照らして検討した[32]。このような背景から、同委員会は紛争の可能性が高まることを強調し、複数の親をもつ可能性は、親になる可能性のある人全員が同意している場合にのみ規定されるべきであると提案した。

上記のことはドイツでも今までずっと求められていた。それにもかかわらず、子にとって負担となる紛争発生の危険性がある、あるいは親が高齢になったときに二人以上の人に親への扶養料を支払わなければならなくなるとほとんどいつも即座に主張される[33]。これまでこの議論は、そもそも学者の間でのみ

31）　英語でのその後の政治的展開も含む要約については、CAMMU, 'Legal Multi-parenthood' in Context: Experiences of Parents in Light of the Dutch Proposed Family Law Reforms', *Family & Law* juli 2019, DOI: 10.5553/FenR/.000042; 肯定的なのは、BOONE, Co-parenting before conception. The Low Countries' approach to intentional multi-parent families', Family & Law 2018 10.5553/FenR/.000034; 否定的なのは、NUYTINCK, Meerouderschap, meeroudergezag en draagmoederschap. Een persoonlijke ontboezeming, in Smits, V.M.; Jong, R. de; Linden, A.P. van der (ed.), In verbondenheid. Opstellen aangeboden aan prof. mr. P. Vlaardingerbroek ter gelegenheid van zijn emeritaat, 59. Een persoonlijke ontboezeming, in Smits, V.M.; Jong, R. de; Linden, A.P. van der (ed.), In verbondenheid. Opstellen aangeboden aan prof. mr. P. Vlaardingerbroek ter gelegenheid van zijn emeritaat, 59.

32）　Der Bericht Kind en ouders in de 21ste eeuw は、以下の URL からアクセスできる。https://open.overheid.nl/repository/ronl-archief-e54a66df-894c-4247-ae11-e15c0991e594/1/pdf/TK_en_EK_Bijlage_Rapport_Staatscommissie_Herijking_ouderschap.pdf, S. 148 ff.

行われていた。というのは、政治的な改正提案、そしてとりわけ血統法改正のための論点文書は、いずれにしても複数の親子関係（Mehrelternschaft）を規定していないからである[34]。しかし意外なことに、よりによって、現在どちらかといえば保守的な判事で占められている連邦憲法裁判所が、複数の親子関係の道を提案した[35]。たしかに裁判所はおそらく、生物学的父の［地位の］強化に主眼を置いていたのだろう（詳細は後述のIV. 1. c) aa)）。それにもかかわらず、今や血統法の改正が転機を迎えるかどうかを今か今かと期待することができる。

　反論は、たしかに根も葉もないことではないが、様々な理由から、複数の親子関係はやはり全体としては非常に良い案（Konzept）であり、とりわけこの親子関係は、子のためにもよりよい解決策であると思われる。これは、とりわけ生物学上の父が、二人のすでに確定している親に加わりたいと考えている場合には常にそうである。生物学上の父が、親として加わるとしても子に対する配慮権を決して手に入れることはないということを明確に理解しなければならない。正確にいうと、（たとえ補助的であるとしても）特に、養育費支払い義務が生じるのである[36]。

---

33)　この問題を提起しているのは、REUß (fn. 20), 276; SANDERS, Mehrelternschaft, Tübingen 2018, 426; BUDZIKIEWICZ, Contracting on Parentage, in: BOELE-WOELKI/DETHLOFF/GEPHART (Hrsg.), Family Law and Culture in Europe, Cambridge 2014, 151, 165 であるが、これに反対するのは、Urteil des Ersten Senats vom 9. April 2024 - 1 BvR 2017/21 (https://www.bundesverfassungsgericht.de/SharedDocs/Entscheidungen/DE/2024/04/rs20240409_1bvr201721.html;jsessionid=CA5741178477701AB6EC962D74003E65.internet981) Rn. 43.

34)　Eckpunktepapier (Fn. 19), 4.

35)　Urteil des Ersten Senats vom 9. April 2024 - 1 BvR 2017/21 (https://www.bundesverfassungsgericht.de/SharedDocs/Entscheidungen/DE/2024/04/rs20240409_1bvr201721.html;jsessionid=CA5741178477701AB6EC962D74003E65.internet981).

36)　包括的に論じているのは、SANDERS (Fn. 33), 423 ff.; また HEIDERHOFF, Kann ein Kind mehrere Väter haben?, FamRZ 2008, 1901, 1906. も参照。

d）根本的な構成要素としての意思に基づく親であること（intentionale Elternschaft）

複数の親子関係については、親の責任を引き受けたいという関係者の希望では、法的な親の地位の創設のためには十分とすべきではないとこれまで有力説では考えられている。それにもかかわらず、責任の引受けに向けた親の希望や意思は全体としてはますます重要になっている。親の責任を永続的に引き受けるという意思[37]は、当該の人物の親の地位が持続的かつ真摯なものであろうということについての良き指標と承認されるものなので、この人物と血縁関係をもたせるということは、通例、子の福祉に資するものである。異性婚での第三者精子提供の場合、このことは、すでに示されたように、長いこと実施されてきている。二重の母子関係はこのことにつながるものである。生物学上の血縁関係が存在しなくても、子を認知するという可能性も意思に基づき親になることにつながる。当然、代理母も同じく挙げられなくてはならないが、その場合、子を望む親（Wunscheltern）との遺伝的な血族関係が存在することが稀ではない。

4. 血統法における別の注目すべき法的地位

血統法において、第一次的には子の福祉が重視されなければならないとしても、親もその法的地位を保護されているということを看過してはならない。

ドイツでは、この視点は、特に重要である。というのは、基本法が、歴史的な理由もあって、親の権利を基本法6条2項で固有の基本権として保護しているからである。しかもヨーロッパ人権条約（EMRK）も法的な親の地位を占めることができることに対する「自然の」親の権利を保護している[38]。すでに述

37）　様々な用語が使用されており、例えば SANDERS（Fn. 33），295 は Initiativeltern（自発的な親）、DUTTA, Bunte neue Welt: Gespaltene Elternschaft als Herausforderung für das Kindschaftsrecht, JZ 2016, 845）は（本稿と同様に）intentionale Elternschaft、Arbeitskreis Abstammungsrecht は親としての地位の取得を望む者を „intendierte Eltern"（意図的な親）と呼んでいる。

38）　すでに、非婚の母について、EGMHR Marckx v. Belgium 13. 6. 1979,（Rn.31ff.）; UERPMANN-WITTZACK, in: GRABENWARTER（ed.）Europäischer Grundrechteschutz

べたように、法秩序は、恣意的に人を法的な親に指定してはならず、ルールは理解しやすいものでなければならず、高度に、生物学的な親子関係に副うものでなければならない。どんな場合に、このルールの例外が許されるかは、興味深いことであると同時に規定することは容易ではない。とりわけ、生物学的な親が親の地位を得たいと考える場合、かれらの権利は、きわめて重要である（生物学的な父の組み入れについて詳しくは、Ⅳ．1．c）参照）。

　しかし、近年、親の権利自体の保護とならんで、以前は通常考慮する必要がなかった、あるいはいずれにせよ単純に考慮しなかった、別の保護されるべき法的地位が生じたのである。

　最初の特記すべきこのような権利は、生殖補助に対する権利である。これは、医学的な生殖補助技術の発達によって初めて視野に入ってきたものである。というのは、この技術が、自然な方法では子どもをもつことができない人々にも親になることを可能にするからである。この権利は、特に、独身女性のための精子提供あるいは卵子提供（Eizellspende）のように、様々な生殖補助方法の利用に対する権利にかかわるものである。これらは、生殖補助医療に関する法の問題である——しかしそれにもかかわらず、これらの問題は、血統と密接に結びついている。なぜなら、子どもがこのような方法で生まれたとき、誰が親であるのかも常に決められていなければならないからである。子どもを産む権利が存在するのかどうか、またどのような条件の下で存在するのかは、これまた国際的に判断が分かれている。しかし、子どもを産む権利は、少なくとも絶対的に存在するものではなく、他の諸権利と比較考量してのみ存在しうるものである[39]。

　血統にとってますます重要になった第二の権利については、あまり注意を払

　　　（EnzEuR Bd. 2), 2nd ed., Baden-Baden 2022, § 11 Rn. 51; 本文中で単純化して「自然の」親（すなわち基本的権利の保持者）と呼ばれる人物の正確な決定は非常に困難であるため、ここでは一般論として扱うことはできない。

39)　簡潔には、HEIDERHOFF, in: VON MÜNCH/KUNIG, GG, 7. Aufl., Art. 6 Rn. 228; 詳しくは、LINDENBERG, Das Recht auf Fortpflanzung 2.0 – Das Recht auf das bestmögliche Kind?, NZFam 2019, 941,

20

う必要はない。ホモセクシュアルの人の平等権は、男女同権と同様、またノンバイナリーあるいは性転換した人の平等権も存在することは明白である。

これらの人たちの法的地位の確保は、血統法の固有の目的ではなく、むしろ一つの枠組みになっている。これは、特に親の基本権についてあてはまる——しかも無差別にあてはまる。子どもを産む権利の場合、親の基本権が存在する人の範囲は、既述のように、統一的に決めることができない。いずれにせよ、子どもを産む権利を肯定するかぎり、意図して親になる者の子の出自も含む血統法上の形態は、子どもを産む権利に含まれる。

結論として次のように明言していいだろう。すなわち、血統法が、上記の法的地位を子の福祉を侵害することなく考慮することができるのであれば、血統法はこれらの法的地位も考慮しなければならないと。

5. まとめ

要約すると、血統法については、ヨーロッパ全土である種共通の基盤が存在するということができる。一人一人の子どもには、その子の養育に責任をもつ人が割り当てられるべきである。厳密には誰が子の養育に責任をもつ人であるべきなのかという問題については、生物学的な血縁関係や社会的な責任引受けが含まれる様々な要素が考慮される。しかしながら、これらの要素評価は、実に多様なものであるので、結局、ヨーロッパ内部での違いが大きなものになりうるのである。

Ⅳ. 比較検討

1. 法律上の父と生物学上の父の競合

a) 検討

子の法的な父である男性と生物学上の父である男性との競合はことによると血統法の古典的な対立ということができるかもしれない。しかしながら、この問題も、比較的最近になって非常に大きな意義をもつようになった。その中心

になっているのは、まず第一に遺伝子検査の発達である。現代的な遺伝子検査によって初めて、誰が子の生物学的な父であるかを確実に突き止めることができるようになった[40]。加えて、現在では、二つの社会的発展がある。第一に、婚外子の父になることがタブー視されなくなっており、第二に全体的に少子化が進んでいることである。同時に多くの男性が独身で生活しており、かれらは、現実の生活で父になる立場にないと考えている。その結果、婚外でもうけた子どもに対する見方が変化しつつある。すなわち、かつては、婚外で子をもうけるということは、しばしば厄介な、あるいはそれどころか評判を落とす「事故」であり、かつ父親の行動は、むしろ、扶養義務を免れることに向けられていた。これに対して現在では、生物学上の父は、父親としての役割を喜んで全面的に引き受けることも多い。

このような事例で子どもにすでに法的な父がおり、その父が法的な地位を彼のほうでは放棄するつもりがないときには、本節表題の争いが生じるのである。

b) 法規整の考え方概観

ヨーロッパ各国の法規における生物学上の父の扱い方を眺めてみると、まず第一に、生物学上の父が、多くの国で、そもそも法的な父の地位を取得する可能性がないことに驚かされる。

このことは、少なくとも、母の夫の父性の否認が争われるときに問題になることが多い。つまり、pater-est ルールにしたがって確定する母の夫の父性は、生物学上の父に対して保護されている。このような見方は、イタリア[41]あるいはポーランド[42]のように、家族法がどちらかというと保守派に組み入れら

---

40) 現代的な技術の発展と血統鑑定への基準の適応については、ORGIS, Neue Richtlinien für die Erstattung von Abstammungsgutachten und die Konsequenzen für den Kindschaftsprozeß, FamRZ 2002, 1157.

41) イタリア民法 243 条参照。この点については、HENRICH, Länderbericht Italien, in: BERGMANN/FERID/HENRICH, 246. Aktualisierung, Frankfurt am Main 2022, III. A. 8. 参照。

42) DE VRIES, Länderbericht Polen,. in: BERGMANN/FERID/HENRICH (Rn. 41), III. A. 7

22

れる国で見られるだけではなく――、スウェーデン[43]やオランダのように、家族法が、どちらかというと現代的であるといわれる国も、母の夫の優位を認めている。スイスでも同様に、母の夫が法的な父であるときには、生物学上の父には母の夫の父性を否認する権利はない（スイス民法256条2項、258条は、このような否認権を夫と子にのみ認めている）。

「間違った」法的な父が認知によって父の地位を取得したときに、否認権が廃除されることの方がはるかに稀である。この場合、例えば、スイスでは否認権が存在し（スイス民法260a条）、イタリアでも同様である（イタリア民法263条）。

やはり全体としてみれば、ヨーロッパの大多数の国では、生物学上の父による否認を認めている。例えば、フランス（フランス民法332条以下）、ベルギー（ベルギー民法318条1項）、ノルウェー（ノルウェー親子法6条）、ルーマニア（ルーマニア民法429条、432条）。

さらに、これらの法制度の大部分では、この否認権についての特別な実体的要件さえ存在しない。一定の期限の遵守だけが求められていることが非常に多い[44]。この場合の期限の長さは様々である――1年から5年で、知ったときから起算しているものもあれば、出生から起算しているものもある。国によっては、生物学上の父による否認は無期限に行うことができるところさえある[45]。

c）ヨーロッパ人権裁判所（EGMR）の判例

ヨーロッパ人権裁判所（以下、EGMRと記す）も、すでに何度も、生物学的には父であるが法的には父ではない者の役割を扱ってきた。興味深いことに、

(S. 37); ハンガリーも同様である。この点については、KÜPPER, Länderbericht Ungarn, in BERGMANN/FERID/HENRICH (Rn. 41), III. A. 7 (S. 64).

43) Kapitel III §§ 1, 2 schwed. FamGB.

44) 例えば、ベルギーでは、民法328条2項。

45) 例えば、ノルウェーで認められている。イングランドとウェールズでも期限の定めはないが、そこでは「身分」に対する考え方がヨーロッパ大陸とは大きく異なるため、同列に比較することは難しい。いずれにせよ、1986年家族法55条Aは、実父の父子関係は期限なしに登録できると規定している。

EGMR も、法的な父子関係が婚姻によって成立したのか、認知によって成立したのかにより区別している。婚姻による父子関係（pater est）について、EGMR はこれまで常に、母の夫の父性の優先は――少なくとも原則的には――EMRK と合致する[46]と考えた。

これに対して、EGMR は、父子関係を認めた男性のこのような一般的な優位の許容を否定している。加えて、EGMR は、上記の一般的な優位は個別事例で比較考量されなければならず、かつ重要なのは当事者の利益であると考えている[47]。いずれにせよ、EGMR は、子を認知した男性が父子関係を全くもっていない場合、否認の短い客観的な期限（それどころか否認の排除）を受容しないようである。ただし、その場合、生物学上の父を排除するという目的で特に行われた認知――つまり濫用的認知と目されるものが少なく見積もっても頻繁に見られる。したがって、EGMR が具体的にどのような立場をとるかは、まだ完全にはわからない。

しかし、この争いがさらに重要性を増していくことは確実であるので、二つの法制度での解決策をいささか詳しく見ていく価値があるだろう。二つの法制度は、生物学上の父による法的父の父性の否認を一般的に認める国のものである。ただし、要件が異なるのである。

aa）ドイツのルール

ドイツでは、父親の競合という問題は――血統法も全体として同様である――、基本法 6 条 1 項および 2 項によってしっかりと特徴づけられている。連邦憲法裁判所は、これらの基本権から、二人の父は基本法によって保護されるということを読み取っている。端的にいえば、すでに法的な父である者が、社

---

46)　例えば、EGMR v. 22. 3. 2012 –23338/09（Kautzor）, NJW 2013, 1937; より詳しくかつ別の例としては、FRANK, Art. 8 EMRK und die Anfechtung wahrheitswidriger Vaterschaftsanerkennungen durch den biologischen Vater, FamRZ 2021, 1081.

47)　最近では、Koychev v. Bulgaria, v. 13. 10. 2020 - complaint no. 32495/15（7 年経過しているにもかかわらず）において、明らかに生物学的・社会的父親に有利な判決が出されている。

会的な父役割をも引き受けるのであれば、その法的地位についても保護されるべきだというのである[48]。この判決にしたがって、2004 年 4 月 30 日以来すでに民法 1600 条以下に定められている[49]。

　根本的には、現行法は、法的な父と子との間に社会的家族関係が存在しないときには生物学上の父は否認権を有すると規定しているのである（民法 1600 条 1 項 2 号、2 項および 3 項、1600b 条参照）。この権利は、父が子をもうけたことを知ったときから 2 年間に制限されている。しかし近年では、法的な父と生物学上の父の**両方**が父としての役割を担い、子どもがその両方と同様に良好な関係を築いている事例が繰り返し裁判所に持ち込まれている。その場合、法的な父を優遇することはもはや憲法に合致しないと主張されることが多い[50]。しかし、連邦通常裁判所（BGH）は、このような事情においても現行規定を適用することに疑いをもっておらず、その結果、生物学上の父は、排除されたままである[51]。母のパートナーによる認知が、生物学上の父により開始された確認手続き中に初めて行われた事例に連邦憲法裁判所は、2018 年に判決を下さなければならなかった。連邦憲法裁判所は、確認手続きの開始時に、子と認知する男性との間に社会的・家族的関係がまだ存在なかったときには、生物学上の父は、なお親たる地位を獲得することができなければならないと考えた[52]。すで

---

48)　BVerfGE 108, 82.

49)　それ以来、血統法は何度か改正されたが、生物学上の父の否認権に関する規定は、ほとんど変わらないままである。

50)　LÖHNIG, Anfechtung der Vaterschaft durch den leiblichen Vater – vorrangiges Elternrecht des rechtlichen vor dem leiblichen Vater, NJW 2018, 906（二人の法的な父を規定するという提案を伴っている）。die Abstimmung beim 71. Deutscher Juristentag Essen 2016, Beschlüsse, Familienrecht D 15 b も参照。生物学上の父と子の間に親密な社会的・家族的関係がある事例で否認を容認しているのは、OLG Hamm FamRZ 2016, 2135; 母のパートナーによる認知が、生物学上の父により進められた確認手続き中に初めて行われた事例については、OLG Brandenburg, NZFam 2017, 1068（それにもかかわらず、否認権は結局否定されている）。

51)　BGH FamRZ 2018, 275 mit kritischer Anm. DUDEN, FamRZ 2018, 355.

52)　BVerfG FamRZ 2019, 124; OLG Hamburg, FamRZ 2019, 1135. も左記の判決にしたがっている。

に言及した 2024 年 4 月 9 日の判決で、連邦憲法裁判所は、2018 年判決を拡大解釈した。連邦憲法裁判所は、生物学上の父が――法的な父とならんで――子と社会的・家族的関係を築いているときにも、法的な親としての地位を獲得することができなければならないと説示した[53]。

　現在行われている改正では、まさにこれらの事例について新しい解決策が模索されている。論点ペーパーで[54]、生物学上の父［の地位］は強化されるべきであると明確に強調されている。子どもが二人の父と社会的・家族的関係を築いているときには、裁判所に判断してもらうということが提案されている。生物学上の父が父子関係確認手続きを進めている間は、認知によって父の地位に就けさせないようにすべきである。

　ドイツの専門家グループ（血統法作業部会・Arbeitskreis Abstammungsrecht）の草案は、一般的に、生物学上の父は、設定される短い期間内に優先権をもつことを想定していた。さらに、生物学上の父は、法的な父（したがって、とりわけ母の夫）の父子関係を、いかなる場合にも否認することができ、同時に自ら法的な父になれるようにしようとしていた。短い期間の経過後の否認については、二人の男性のどちらと子どもが親密な社会的・家族的関係をもっているかによるべきであるとした[55]。これは、論点ペーパーの解決策とほぼ一致する。草案で強調されたのは、重要度の判定は、それぞれの父の教育の質にではなく、唯一関係の重要性にしたがうべきだというのである。2019 年 3 月 19 日の連邦法務省の部分討議草案は、この提案に忠実に基づき、さらにそれを具体化したものであった。「任意の」否認期限として、草案は、6 ヶ月を設定した[56]。

---

53)　Urteil des Ersten Senats vom 9. April 2024 - 1 BvR 2017/21 （https://www.bundesverfassungsgericht.de/SharedDocs/Entscheidungen/DE/2024/04/rs20240409_1bvr201721.html;jsessionid=CA5741178477701AB6EC962D74003E65.internet981）Leitsatz 5 und Rn.79 ff.

54)　Eckpunktepapier （Fn. 19）3, 9.

55)　Arbeitskreis Abstammungsrecht （Fn. 19）, 52 f. （Thesen 29 und 30）.

56)　§ 1600a Abs. 2-Entwurf; zur Begründung S. 48, abrufbar unter https://www.bmj.de/SharedDocs/Gesetzgebungsverfahren/Dokumente/DiskE_Reform_

bb）フランス

実際の父子関係否認について論じる前に、今一度思い起こされるのは、フランス法は、扶養義務を創設するためには、法的な父としての生物学上の父の父子関係の確認を必要としないことである（本章Ⅱ.）。伝統的に、父子関係の確認はフランスでは全体的にも他の国よりも制限的に可能である。この歴史的に生まれた消極性の理由は———一見意外に思われるかもしれないが———、まず第一に子の福祉の保護のためである[57]。結局のところ、法的な父の地位に、その地位に就きたがっておらず、そしてそれゆえ適切な方法で父としての役割を引き受けないであろうと見込まれる男性を就かせることは正しいことではないとみなされている[58]。

しかしながら、現在、逆の事例、つまり、生物学上の父自身が父の地位に就くことを望んでいるが、子にはすでに別の法的な親がいるときに、生物学上の父は父の地位を手に入れることができるのかどうかが問題になっている。

フランスでは解決策として、この場合に、ごくわずかな例外を除き、明確な期限を設けている。通常の場合、子の父子関係は、5年間は否認することが認められている。したがって、生物学上の父も、5年間、社会的および法的な父の父子関係を否認することが認められておりかつそのようにして法的な父の地位に就くことができる。

子が満5歳に達したとき———そして、最良の場合には、5年間子が法的な父と一緒に暮らしたとき———は、否認権は同じように完全に排除されている。

Abstammungsrecht.pdf;jsessionid=E4D5114FCB453A1442F7945C9DB8CC31.2_
cid289?__blob=publicationFile&v=1.

57)　匿名での子の引渡しという文脈について、FRANK/HELMS, Rechtliche Aspekte der anonymen Kindesabgabe in Deutschland und Frankreich, FamRZ 2001, 1340；父子関係確認の現行法とその背景について詳しくは、SCHELIHA（Fn. 7）S. 100 ff., 105 ff.

58)　現在、ここで挙示しているような男性を父の地位に就けることは、フランス民法327条により子の申立てに基づいて可能である。しかしながら、この申立ては、10年の期限内に提起されなくてはならない（ただし、この期限は満18歳に達すると、もう一度新たに進行が開始する、フランス民法321条）。

関係者全員が、父子関係の否認を希望する場合でさえ、何も変わることはない。これは「身分占有（possession d'etat）」といわれる。今や法的地位は認められる。

5年間については、典型的な法律の「素人」の見方でも確かであるとしても、子どもへのまなざしが決定的なものだったといってよい。5歳で、子は自分の父、姓、国籍を認識していると考えてよい。ドイツでもこの年齢制限は、様々な場所で、例えば家族の氏の変更（民法1617a条2項2文、1617b条1項第2文）および国籍の喪失（国籍法17条2項）について見られる。

d）論評

全体として、ここで扱っている問題は、血統法における最も難しい論争であるといってよいだろう。それにもかかわらず、国により二人の父の扱い方がこれほど違っているのは驚くべきことである。

それでも、ドイツ法とフランス法は、バランスをとった解決策を模索している点で似ている。けれどもその解決策は全く違う道を進んでいる。ドイツでは、親の権利がやはりかなり広範に前面に押し出されている——もちろん、基本法6条によっても生み出されていることである——が、それにもかかわらず子の福祉は排除されるものではないという印象を抑えることができない。フランスでは、子の視点がより明確に取り入れられている。

個別の問題の解決のためには、各国で、示唆されるにすぎず、個々の点についてはやや統一性がない、すべての関係者の基本権上の地位が考慮されなくてはならない。

このことを背景にして、まずドイツとフランスでは規定されていないが、いくつかの国では、pater est ルールによる父子関係の否認と認知により獲得された父子関係の否認の間の根本的な違いを見てみると、婚姻家族と非婚家族との間のこの著しい違いは基本権についての事情により正当化されうるのか——あるいはひょっとすると禁止されうるのか——疑問が生じる。

この点について、出発点として、見誤ってはならないのは、夫婦関係におい

て、他の男性による子どもがもうけられるということは、ほとんどの場合、相当な葛藤の種をもたらすということである。そして同様に、大した専門的知見がなくても、子をもうけた人物が、永続的に夫婦の生活に存在し続けないほうが、このような危機を克服することが容易であるということも理解できるだろう。そのかぎりでは、夫婦関係および子と生活する家族の保護は、常に、生物学上の父による法的父子関係の引き受けと相反するものである。しかしながら、この場合に、ほかならぬ伝統的な意味での婚姻家族の保護を強調することが正当化されるかどうかが問題なのである。子どもが安定した夫婦関係で生活している場合には、認知による父子関係と婚姻による父子関係の間の違いを強調することは難しい。いずれにせよ、この違いは、子の福祉によって正当化されうるものではない。したがって、父母間の安定した夫婦関係が、婚姻によってはもはや無条件に保障されていない社会には、子の区別はもはや適合しない——そして非婚の子を差別的に扱うことでさえある。

　そうだとすると、婚姻中に生まれた子と婚姻外で生まれた子の区別をやめるとしても、やはり二人の父の法的地位の比較考量が——再び子の最善の保護を背景にして——、なお存続するのである。

　この場合、生物学上の父にとっては、その生物学的な血縁関係とならんで、親としての責任を引き受ける意思も有利に働く。この意思こそ、法的な父にも存在し、そして法的な父は法的な親としての責任を放棄するつもりはないということが多い。加えて、法的な父の側は、親としての責任を事実上も社会的父役割の実行を通じて引き受けているならば、さらに有利になる。つまり、その場合、法的な父は、子の福祉に資する継続性を保証するのである——そして、少なくともドイツでは、生活を共にする家族は、基本権上も、基本法6条2項により保護されているのである。

　ただし、法的な父が父役割を放棄したい事例は納得のいく解決がなされてはいない。法的な父が、社会的および法的な父としての責任を生物学上の父に喜んで引き渡し——そして生物学上の父の側がこの責任を引き受ける意思があるときに、短すぎる否認期間が親責任の生物学上の父への引き渡しを妨げること

第1章 現代血統法の目的に関する比較法的考察 *29*

になるならそれは誤っているように思われる。このような状況に対しては、フランスの5年のような長い期間も十分に考えられる。生物学上の父による合意に基づく無期限の引受けさえ考えられる――しかしその場合には子の福祉についての徹底的な考慮が忘れられてはならない。この場合、法的な（そして少なくとも将来的には社会的にでもある）父になる者は男性なら誰でもいいというのではなく、生物学上の父であるので、さしあたり大きな不安は杞憂に終わると考えられる[59]。

したがって、「身分占有」という考えは、たしかに正しい要素をもっているけれども、もっと違った使い方もできるであろう。上述のように、生物学上の父の同意に基づく転入の場合には身分占有という考え方はほとんど必要ないが、既存の家族は一緒に居続けたいと考えており、かつこの継続性に対する希望が支援されるべきときには、この考え方はますます重要になりうる。このような場合には、身分の信頼性と一緒に生活している家族の保護という考え方を早くから取り入れるべきであろう。ドイツの討議草案（上記 IV. 1. c) aa) 参照）で提案された生後6ヶ月という期間は説得力がある。しかし、現在の論点ペーパーは、この提案はもはや取り上げていない[60]。

血統法の考え方を大きく変えることが認められれば、対立の真の緩和が確実に達成できるだろう。連続的父子制によっても、多親制によっても、関係者の権利をより正当に評価する、より安定した解決が達成されうると考えられる。

2. 二重の母子関係

a) 概念規定

二重の母子関係という語によって、以下では、子どもが二人の女性の子であ

---

59) もちろん、連続する父子関係は考えられる。ただし、Heiderhoff, Die Vaterschafts-erklärung und ihre Folgen - von der Vaterschaftsanfechtung zur Vaterschaftsbe-endigung?, FamRZ 2010, 3. 参照。

60) 規定されているのは、知ってから1年という一般的な期限である。Eckpunktepapier (Fn. 19) 5.

る——一人の女性と一人の男性の子ではなくて——ことを法制度が容認するということだけが意味されている。つまり、養子縁組による親子関係の獲得ではなく、実際の血統権だけが問題になる。例えば、二人の女性が、生物学的な意味でも二人の母であるというケースのような特別なケース——例えば、ある女性が他の女性に卵子を提供し、その後その女性が懐胎するという形で——も触れられていないままである。

二重の母子関係の代わりに一部の法制度は、Co-Mutter、Mitmutter、あるいはオランダのように Duomoeder と呼んでいる。フランス法はこれらの概念を回避しようとして、二人の女性の血統を引く子（die Abstammung von zwei Frauen）と呼んでいる。侮蔑的な名称は避けられるべきであろう。厳格にいえば、すでに Co-Mutter はこの侮蔑的名称に数えられるべきだろう。なぜなら、Co-Mutter という概念では一種の B ランクの親の地位の名称と誤解されるかもしれないからである。

すでに述べたように、これらの概念を完全に避けることによって、法律上、このような概念の難しさおよび同時に男女の不平等取扱いも、うまく回避できる。親の地位を中立的に規定することは問題ない。そうすると、第一の親は、「子を出産した人」である[61]。そして、第二の親は、例えば——そう望むなら——「第一の親と婚姻した人」とすることもできる。

b）Mater est ルールと生物学上の父

同じく親という呼称で呼ばれる事態に直面すると、今度は、その場合、女性と婚姻した女性について、単純に mater est ルールが pater est ルールとならんで適用できると考えるかもしれない。そうすると、さきほど述べた「第二の親ルール」が適用されることになろう。興味深いことに、ごく早期にそしてきわめて明確に同性婚や両母婚を認めていた法制度もそのようにしているものはない。両母婚がまだないドイツでは、pater est ルールの類推適用が一部で主

61）　ルール化の提案については、COESTER-WALTJEN, FF 2022, 279, 288.

張されている[62]。しかし、連邦通常裁判所は、この主張を否定した[63]。私見では、この問題は簡単ではなく、かつ中立的な「第二の親ルール」の導入は当然であるけれども、連邦通常裁判所が下した判断は正しかった。しかしながら、権力分立制度においては、少なからぬ措置を立法者に委ねなければならず、そして類推適用という方法は、pater est ルールの場合には、やはり類推適用の限界にぶつかっているように見える。このルールがその意味と目的において適切かどうかについてはたしかに議論の余地がある。pater est ルールの存在理由は——少なくとも重要な部分は——、血統の真正さにある。つまり、このルールの本質的と思われる存在理由は、このルールが原則として遺伝的関係を正確に写し取るという点にある。この点は、女性への拡大適用の場合、もはや適切ではない。しかしながら、決定的なのは、全く別の、形式的な論拠である。すなわち、つまり女性の場合には、そもそも類推の余地がないのである。なぜなら、類推適用のためには、法律における法規の欠缺が存在しなくてはならないだけではなくて——例えばドイツでは女性同士の夫婦がそうであるが——、この欠缺が意図されていなかったものでなければならないからである。しかし、ほとんどの該当する国では——そして少なくともドイツでは——、立法者は、法律の欠缺を意識的に残したのである[64]。このような場合には、類推適用というやり方での司法権による欠缺補充の方法は、すでに以前からふさがれている。

　すでに述べたように、pater est ルールの性中立的な解釈の変更は、目下のところヨーロッパの法制度では存在しない。その理由は、様々な法制度の比較法的考察で明らかになるだろう。

　しかし、ここでは、なお次のことを指摘しておきたい。すなわち、反対に

---

62) LÖHNIG Ehe für alle – Abstammung für alle? NZFam 2017, 643, CHEBOUT/ XYLANDER Das eheliche Kind und sein zweiter rechtlicher Elternteil NJW 2021, 2472.

63) BGHZ 220, 58 mit zust. Anmerkung COESTER-WALTJEN, FamRZ 2018, 1922.

64) この点についての別の見解は、LÖHNIG, NZFam 2017, 643, 644. 参照。

32

——それも長いこと——以前から、婚姻に結びつけられている規定はやめるべきではないかということが考えられている[65]。このことも、これまでのところ、どこの国でも行われていない。この主張に賛成して、単純に、婚姻は婚外子を冷遇するということを持ち出すことは短絡的に過ぎるだろう——なぜなら、単純でたいていの場合に適切なルールがもたらす利益を、それがすべての子どもに届かないという理由で放棄することはできないからである。

c) 法比較の例

aa) 概観

　以下では、様々なヨーロッパ諸国の法規定を少し詳しく述べることとする。そこでは、これらすべての法規定が、生物学上の父の権利を保障することを強く考慮しているということが示される。異性カップルの場合よりもはるかに、生物学上の父は場合によっては、親の地位を担い、かつ親としての責任を履行する用意もあるということが考慮されている。一部では、このことが、例えばフィンランド母子関係法3条2項のように明文で規定されている。同条では、父子関係が存在する場合、あるいは、なお確認もしくは立証されうる場合には、母子関係の確認を行うことはできないと規定している[66]。

　ほとんどの場合、二重の母子関係は、子どもが生殖補助医療、匿名の精子提供によってもうけられたときのためにのみ規定されている。一部では、スイス民法255a条1項のように、二重の母子関係は、女性同士が婚姻している事例にかぎられている[67]。細かな点でも興味深い違いが存在する。

---

65)　この点については、すでに SCHWENZER, FamRZ 1985, 1. が論じている。

66)　ベルギー民法325/1条も、二重の母子関係については、いわば「まずもって」、父子関係が存在しないことを求めている。

67)　例えば、スペイン及びフィンランドも同様である。この点について詳しくは c) ff) 参照。

bb) オランダの「二人の母・Duomoeder」と類似の制度

　オランダは 2014 年から[68]、したがってすでに比較的長く二重の母子関係についての法規定が設けられている。オランダの法規定は、比較的進歩的な生殖補助医療法と組み合わされた規整のための比較的典型的なものである。父の権利は強く考慮されている[69]。オランダ法によると、人工授精は、同性カップル（未婚カップルも含む）と独身女性に認められている[70]。出産時から女性が第二の親の地位に就くためには、子どもが人工授精によってもうけられたということと二人の母が婚姻しているか、あるいはパートナーになっていることが必要である（オランダ民法 1：98 条 1 項 b 号）。そうでなければ、一般的な認知の要件が存在するときには、女性は子を認知できる（オランダ民法 1：204 条。必要なのは、特に、まだ二人の親がおらず、かつ第一の母が同意しているということが必要である）。母の人工授精に同意した女性は、そのほかに、生みの母もしくは子の申立てに基づいて裁判によっても母と認められうる、オランダ民法 1：207 条 1 項参照。

　否認は、オランダ民法 1:202a 条により、［人工］授精する同意が欠けていたときにのみ可能となる。

　ベルギー法は、meemoederschap または co-maternité と呼ばれ、母が懐胎に同意しなかった場合にのみ否認を限定している。

cc) オーストリアの「他方の親」

　オーストリアでは、オーストリア一般民法 144 条が、まとめて「父の」血統または「他方の親」の血統という用語を使っているが、次いで、同法 144 条 2 項でやはり、（二人目の）**女性**の血統の要件を別途明文で規定している。二人目

---

68)　2014 年 4 月 1 日の法律。

69)　この点についてのドイツ語文献としては、REUß, Neue Wege zur Mutterschaft - Die neue Duo-Mutterschaft nach niederländischem Recht, StAZ 2015, 139.

70)　WEYERS/ZEEGERS, Avoiding ideological debate, in GRIESSLER/SLEPIČKOVÁ/ WEYERS/WINKLER/ZEEGERS, 2022, S. 115 ff.

の女性の血統は、――オランダやベルギー同様――医療的に支援された生殖補
助の場合でのみ正当化される。精子提供は、オーストリアではオーストリア生
殖補助医療法2条により医療的必要性が存在するときにのみ行うことができる
が、これは広義に解されており、それゆえ女性カップルには常に認められてい
る。独身女性は、生殖補助医療の治療を受けることはできない。

　人工授精を行おうと決めた女性が婚姻しているか、パートナーがいるとき
に、子が医療上の措置後300日以内かつ180日以後に生まれると、彼女の妻ま
たは生活パートナーは、法律により母になる（オーストリア一般民法144条2項1
号）。非婚生活共同体の場合には、親の地位は、認知または［親子関係］確認
によって創設される（オーストリア一般民法144条2項2号および3号）。その場合、
医療的な生殖補助に公正証書で同意した女性は、［親子関係が］確認される。
オーストリア一般民法144条4項、類推適用される148条3項参照。この女性
は、確認の申立てを自分でも行うことができる、つまり母子関係を裁判で創設
することができる。親の地位の否認について存在するのは、親の地位は、生物
学上の血統が存在しないことを拠り所にすることはできないという規定だけで
ある（オーストリア一般民法152条）。

dd）フランスの二人の女性の親権（filiation deux femmes）

　フランスでは二重の母子関係が2021年に導入された。二重の母子関係は、
現在、フランス民法342-9条から342-13条に規定されている。これに伴い、
非配偶者間人工授精へのアクセスの大幅拡大と平行して、生命倫理法により現
在では医学的必要性がなくても既婚・未婚の女性カップル、ならびに独身女性
にも非配偶者間人工授精が開かれている[71]。フランスでも、生みの母の人工授
精が、その妻またはパートナー女性が二人目の親の地位に就くための前提条件
（Voraussetzung）になっている。ただし、パートナーが結婚していない場合は
特別である。公証人の前でパートナー女性（もう一人の女性）の同意が得られて

71）　2021年8月2日付の生物倫理に関する法律第2021-1017号により、公衆衛生法
　　　L2141-2条がそれに応じて変更された。

いる場合、オーストリアとは異なり、パートナーの親としての地位は出生時に法律で発効する（フランス民法342-10条2項）。これはフランスでは、父親と第二の母親との間の不平等な扱いとみなされ、一定の議論を呼んでいる。つまり、男性は、母が人工授精する場合でも、常に子の登録によって初めて父になるからである[72]。

フランスでは、第二の親の地位の否認は、明確に規定されていて、子どもが人工授精によらずに生まれた事例でのみ可能とされている。母の人工授精に同意した者は、常に親として確定される（フランス民法342-13条）。

ee）デンマークの共母（medmor）

デンマーク児童法27条以下は、いくつかの点でこれまで述べた制度と異なっている。デンマークでも、たしかに二人の女性に由来する血統は、人工授精の場合にのみ規定されているが、人工授精は必ずしも匿名である必要はない。そうではなくて、例えば友人のように、知り合いによる精子提供も利用できる。匿名の精子提供の場合、二人の母の書面による同意が必要であり、また知人からの精子提供の場合は、三名の関係者全員の書面による意思表明（Erklärung）がなされなければならない。

母、共母もしくは子による否認が認められるのは、ごく限られた場合だけである（デンマーク児童法21条以下）。母、共母及び親になることを希望している者は、共同で申立てをすることができる——生物学上の父子関係以外のどのような前提条件が［申立ての］成功につながるのかは明らかでない。

現在、スウェーデンも、デンマークと似た解決策を追求している。同国では、2022年から認知はもはや不要となり、すでに2019年からは、匿名でない精子提供（クリニックで実施）が可能になっている[73]。

---

72) この点について報告しているのは、Avis du Défenseur des droits, 2019, 15. を参照した、FERRAND, Das neue französische Bioethik-Gesetz Nr. 2021-1017 v. 2.8.2021, FamRZ 2022, 1422, 1424.

73) GIESEN, Länderbericht Schweden, in: BERGMANN/FERID/HENRICH (Fn. 41), III. A. 7.

ff) スペインの認知後の二重の母子関係と類似の制度

スペインでは、いくつかの領域で、すでに再び更新された制度がなお見られる。二重の母子関係に関する最初の法律は 2007 年に施行され、2015 年に改正された。しかし、法規定はかなり不完全なものにとどまっており、強く批判されている[74]。スペインでは、人工授精後、母の妻は——少なくとも規範の文言によれば——子の出生後に「認知」表明を行うことによって子の親になることができる（スペイン人体補助生殖技術法 7 条 3 項)[75]。

認知の必要性は、例えばフィンランドでも同様に存在する。ただし、フィンランドは、スペインと違って、子の出生前でも出生後でも明文で認知が可能になっている[76]。さらに加えて、認知の要件は、フィンランドでも母子関係法 3 条 1 項により、親が婚姻していることが必要である。

d) 第二の親の地位に意図的に就くことについての結論

aa) 意思表明による親の地位

二重の母子関係について論じる場合、まず一度はっきりと自覚すべきなのは、親の責任の私的自治的な引渡しや引受けは、通常は単なる意思表明によって達成できることをはるかに超えてしまっているということである。生物学上の父は、その基本法上保護されている親の地位を手放している。パートナーの人工授精に同意する人は、場合によっては自分の人生を通じてずっと存続するであろう経済的および人的責任を引き受けるのである。

このように重大な意思表明が——より大きな公的な手続き上の保護なしに

---

74) FERRER I RIBA, FamRZ 2016, 1557; CADENAS OSUNA, La determinación de la segunda maternidad por naturaleza en el artículo 7.3 de la Ley de Técnicas de Reproducción Humana Asistida: requisitos para la aplicación del precepto y problemática que plantea, Anuario de Derecho Civil 2022, 69 ff.

75) FERRER I RIBA, FamRZ 2016, 1557.

76) §§ 14, 16 finn. MutterG, dazu ARENDS, Länderbericht Finnland, in: BERGMANN/ FERID/HENRICH/ (Fn. 41), III. A. 9. S. 34 f.

第1章　現代血統法の目的に関する比較法的考察　*37*

――、そもそも考えられるということは、おそらく家族法の特殊性に起因しているにちがいない。しかし、婚姻締結との比較は適切ではない。たしかに婚姻の場合に、法的な観点のみから考えると、意思表明によって、少なくともある程度類似した責任を引き受けることになる。しかし、婚姻に踏み切る場合には、社会的慣習や伝統が法的な注意点（Caveat）を補っている。少なくとも大多数の人は、その重大性を自覚している[77]。

　したがって、第二の親の地位の意図的な引受けのためにある程度の定式化が必要なのは、血統についての法的安定性が確保されなければならないという理由だけではない。意思表明による親の責任の引受け、あるいは基本法上保護された親の権利の放棄という親の責任や親の権利という側面からみてもある程度の形式化が必要になる。その際に重視しなければならないのは十分な情報を提供することである。生物学上の父にとっては、少なくとも医療的補助をうけた匿名の精子提供については、これを確保することは容易である。意図的な親にとっては、この場合にも、やはり事情はいささか難しい。というのは、愛情と期待から、人工授精を行った親との関係の破綻の事情をも認識することは難しいことが多いからである。それにもかかわらず、多くの場合、この点について、クリニックでの情報提供は十分なされているとみなされている。

　本当に興味深い問題は、医療的補助をうける人工授精以外の場合でも三人の関係者の間でどのように合意することができるのか、また合意することができるのかどうかである。意志の表明は非常に重要なので、単なる私文書の形では不十分である。このことは、私的な精子提供の場合、法的拘束力をもった意思に基づいて第二の親の地位に就くことはできないということを意味しているのだろうか？

　ドイツの改正論議も、この点でまだ行き詰まっている。部分的討議案では、医療的補助をうける人工授精以外での合意の可能性は規定されていなかった。

---

77)　この点については、HEIDERHOFF, Autonomie als Privatheit – Scheidung und Scheidungsfolgenrecht, in RÖTHEL/HEIDERHOFF（Hrsg.）, Autonomie in der Familie – eine Schwärmerei?, Frankfurt am Main 2022, 41.

他方、血統法に関する作業部会は、私的精子提供の場合であっても、適切な情報を提供した上で関係者三人の間で公正証書による合意が成立すれば、出生時から二重の母子関係を認めることを提案していた[78]。人によってはこれでは十分とはいえないかもしれない。というのは、公証人のところへ行くのは、多くの関係者にとって高いハードルになると思われるからである。その結果、そのような規定を導入しても、引き続き、多くの事例で、有効な法的保障のない私的な精子提供が行われることになるだろう[79]。しかし、ここで述べた意思表明の重要性は、このようなハードルを設けることを、適切であるように思わせる[80]。そこで、二重の母子関係についての公正証書による合意の可能性は、全体としては、私的な解決方法を完全に排除するよりも望ましいように思える。

bb) 個別問題

　同性同士が（あるいは性別にとらわれずに）親になる場合、ヨーロッパの立法者は、様々な目的を重視している。たしかに、人工生殖方法の承認とそれに伴う血統の法規整は、親について見ると差別しないということでもある。性別に拠らずに第二の親の地位に就くことは、無条件に望ましい。この点については、二重の母子関係のためには今なお養子縁組を必要とする国も、同性の親になることは、子どもの福祉と一致しうるだけではなく、同性の親と一緒に成長

---

78)　BMJV (Hrsg.) Arbeitskreis Abstammungsrecht (Fn. 17), 65; ドイツの目下の法状況については、LETTMAIER/MOES, Der Kinderwunschvertrag bei Samenspenden: Privatautonome Gestaltung im Abstammungs- und Adoptionsrecht, FamRZ 2018, 1553 ; SIEGFRIED, Notarielle Amtspflichten bei Zeugung im Wege der Bechermetode, FamRZ 2019, 1979. 参照。

79)　しかし、「mater est ルール」が提案されれば、多くの場合私的精子提供者には取消権が認められ、公正証書による合意の場合はまさにこの取消権は除外されるだろう。ただし、CHEBOUT/XYLANDER, NJW 2021, 2472, 2477. 参照。

80)　公正証書による合意にもかかわらず、実父は（より短い期間内ではあるが）争うことができなければならないという見解については、PAULI: Der unsichtbare Dritte – Der Platz des Samenspenders bei der heterologen Insemination, NZFam 2016, 57

81)　この点について詳しくは、BVerfGE 133, 59. を参照。

第1章　現代血統法の目的に関する比較法的考察　*39*

する子どもの福祉にも資するということを認めている[81]。

　しかしながら、個別的には、様々な力点の置き方や限界の設定の仕方があり、それらは例外なしに納得のいくものであるとは限らない。

　様々な法制度で、子のための経済的安定が非常に重視されているようである。このことが明らかになるのは、とりわけ、人工授精についての母のパートナーの同意だけで、このパートナーが後に法的拘束力をもって親と認められるかどうかが問題になるときである。しかし、子を産む親が、同意する親とすでに出産前に別居していたときには、上記のことはほとんど説得力をもたない。

　子どもがいわば完全に忘れられてしまっているということを認識するためには、状況を一度思い浮かべてみなければならない。というのは、なるほどたった一度の同意表明によって子どもの出生に寄与したが、その他の点では、子どもとの社会的なつながりも、遺伝的なつながりもない者が、子の全生涯にわたって親として子どもの前に立ちはだかるからである。同意する人物は、子どもの養育費を負担しなくてはならないということは、まさに正しいことかもしれない。子どもとより親密な人物がほかにいないのであれば――理想的であるとは言えないとしても――、この人物が親の役割を引き受けるということも考えられるかもしれない。しかし、他の人物――典型的には母の新しいパートナー――が、親の役割を引き受ける準備がある場合にさえ、同意を与える人物が、その意思に反して第二の親の地位を優先的に占めるということは、子の福祉にっては非常に有害である。

　しかし、さらにもっと踏み込んで考えることもできる。パートナーの人工授精に同意した人物が、後になって親の役割も引き受けることを望む場合でも、その人の希望は保護されうるのかどうか、またどの程度保護されうるのかも検討されなければならないだろう。いずれにせよ、その法的地位は、生物学上の父の法的地位よりも強力には保護されえないということは理解すべきである。しかしながら、法的な父の地位を得る生物学上の父の権利は、ほとんどの国で非常に限定的なものである。しかしながら、パートナーの人工授精に同意した者の法的地位は、生物学上の血族関係がないのだから、生物学上の父の法的地

位よりも弱い保護が与えられるべきであろう。

したがって、要約すると、母親の人工授精に同意した人物の役割を過大評価することには十分注意しなくてはならないということである。いずれにせよ、法律上、子どもは、遺伝的にも社会的にもつながりのない人物を親とすることはできないはずである。一定の関係にある関係者が、合意に基づき第二の親に代わることができるデンマークとスウェーデンの法規定は、立法的検討の基礎になりうる。

3. 代理母の場合の血統

a) 概観

代理出産の場合の血統は、以下では詳しくは論じない。というのは、代理母の法規整は、たしかに血統法上の要素をもっているが、問題は別のところにあるからである。

ほとんどのヨーロッパ諸国では、代理母を認めていない——あるいはきわめて限定的な要件の下でしか認めていない——ので、むしろ、合法的な代理母を利用した結果、外国で取得した親の地位を認めることができるかどうかという問題のほうが関心を集めることが多い[82]。この場合、ドイツでは、親になることを希望する者は、親としての地位を裁判所の決定で認められたときのほうが、親として認められやすい。これに対して、外国の法制度で、親になることを希望する者の親としての地位が法律上出生と同時に発生するときには、ほとんど認められることはない。これは国際私法の技術的特殊性による。つまり、外国判決は、家事事件手続法の手続き上承認されるが、法律上生じた法状況に

---

82) この点については、例えば以下の文献を参照。WALL, Neugeborene ohne gewöhnlichen Aufenthalt i. S.v. Art. 19 Abs. 1 Satz 1 EGBGB, StAZ 2022, 133; BERNER, Internationale Leihmutterschaft – alte Fragen in neuen Gewändern, JZ 2021, 1147; zur Rechtsprechung des EGMR HELMS, Ausländische Leihmutterschaft und Grenzen der aus Art. 8 EMRK ableitbaren Anerkennungspflicht, IPRax 2020, 379.

83) その境界について詳しくは、HEIDERHOFF, Die Rechtslagenanerkennung im

第1章　現代血統法の目的に関する比較法的考察　*41*

ついては、抵触法、つまり民法施行法 19 条が適用されるからである[83)]。民法施行法 19 条は原則として、ドイツ国内にいる乳児についてはドイツ法を参照するよう指示し、民法 1591 条では例外なく実母を法的な母親とみなしている。

b) 法律上の血統の例

　代理出産は、ヨーロッパでは全体的にまだ珍しいが、法律上の血統が優先されているようである。

　最も有名なのは、2004 年の民法 1455 条以下で包括的な規定が導入されたギリシア法であろう。全体として、ギリシア法は、母となることを希望する者の生殖補助を利用する権利に強く焦点を合わせている。生殖補助は、妻が自然の方法では子を授からないときに認められていて、裁判所の許可を得て利他的に行われる。母になることを希望する者が、出生時から子の法的な母になる。

　ポルトガルでは、代理出産も同じように、母になることを希望する者が身体的奇形（Fehlbildung）あるいは類似の医学的問題から子を懐胎できないときにのみ例外的に認められている。この点について、この法律の最初のバージョンでは、ギリシア法と同様に、代理母は、母となることを放棄するよう義務づけられていた。しかし、このことを、ポルトガルの憲法裁判所は、2019 年に憲法違反であると判示した[84)]。しかし、2022 年に発効した新しい文言は、基本的に、法律上、親になることを望む者が親の地位に就くという制度を保持している。ただし、現行法は、代理母に、出産後 20 日以内に、子を引き取りたいという意思表明をすることを認めている[85)]。

　ウクライナでは、家事事件手続法 123 条 2 項に、夫婦（夫と妻）が生殖補助技術を用いてもうけた胚を別の女性に移植する場合には、夫婦が子の両親とみなされると短くかつ明確に規定されている。同国では、代理母は、商業的に行

---

　　internationalen Familienrecht, FS BECKER-EBERHARD, München 2022, 195. 参照。
84)　https://www.tribunalconstitucional.pt/tc/en/acordaos/20180225s.html.（英語版）
85)　DE OLIVEIRA/TÁVORA VÍTOR, Post mortem insemination and surrogacy in the Portuguese system, FamRZ 2022, 1442, 1443.

42

われており、外国人夫婦にも開かれている。母となることを希望する者が妊娠できないことといった要件は存在しない。

最後にイングランドの改正案について言及しておく。イングランドでは、法律委員会が現在、親命令（parental order）の既存の要件を撤廃して、——ポルトガル法と同様に——代理母の拒否権とともに親になることを希望する者の血統を規定するべきかどうかを審議している[86]。

c）立法理由

代理母については、利益状況と立法者にとっての立法理由は多様である。子どもと代理母にとっての危険を理由に、多くの国が代理母を完全に拒絶している。しかしながら大きな国際的な圧力が存在する。国内に代理母の法的可能性が存在しないならば、子どもをもちたいという強い希望をもつ人たちは、代理母と子どもの安全が必ずしも保障されていない外国に頼ることになる。後からの血統法上の帰属も、部分的には困難をきわめ——最悪の場合、失敗するかもしれない。

代理母を知っている国でも、重心の置き方は全く異なる。ウクライナは、明確に、既婚カップルが子どもをもちたいという希望を重視していて、こうしたカップルのために、一種のサービスとして代理母という方法を可能にしている。ここで挙げた法制度のうち、代理母を商業ベースでの形をとっているのはウクライナの制度だけである。

他方で、ギリシア法は、子どもをもちたいという希望をもつ、妊娠することができない女性に明確に焦点を当てている。こうした女性のためにだけ代理母は開かれており、かつ彼女の出産後の母親の地位は保障されている。これに対して、ポルトガル法とイングランド法は、代理母の法的地位をより強調している。両国法では、代理母が母になることを優先的に手に入れることができる。

86）　今後の予定については、https://www.lawcom.gov.uk/project/surrogacy/. 参照。

V. 結　論

　ドイツでは、目下、血統法改正作業が行われている。多くの他の国は、すでにさらに先に進んでいて、様々な点で模範となりうる。他方で、ことによると、外国の例が先行して示しているよりもずっと首尾一貫して対処できる問題が存在する。それは、性についての血統法上の法規整の解決と、母親の人工授精の際の子の福祉の考慮に関してである。親の権利が保障されて、差別が回避されるということは重要であるが、個々の法規定が、子にとっての血統の生涯にわたる重要性を見失ってはならない。しかし、子の福祉と親の権利を考慮した、非差別的な改正の余地があることは明らかになった。

　今こそその時だ！

第 2 章

婚姻イメージの変化と婚姻法の変化
── 基本法 6 条 1 項を背景とした
婚姻法の今日的課題 ──

I．予備的考察

1．本稿の関心

　ドイツの婚姻法の特徴は、基本法6条1項に基づく婚姻の基本法上の保護と私的な婚姻法が相互に密接に結びついているという点にある。このため、時には争点や誤解が生じることもある。というのは、一方では、基本法6条1項は、改革を阻止するために保守的な声によってしばしば利用されており、他方で、私的な婚姻法のどのような「現代化」もしくは「自由化」が排除されているのかは簡単にはわからないからである。この点については、婚姻のキリスト教的性格の重要性も弱まりつつあるのも興味深い。

　社会における婚姻の認識は常に変化しており、また婚姻に対する多大な期待も変化したので、これらの問題は、重要かつ喫緊なものである。例えば、婚姻は今日では離婚が頻繁に行われ、多くの同性カップルが婚姻している。さらに、少からぬイスラムの家族法に規定されている一夫多妻制のように、ドイツの文化に根ざしていない婚姻形態も多国籍社会では出現している。したがって立法者は、ドイツ民法の婚姻法を社会の発展や期待にどのように適合させる必要があるかを検討しなければならない。

　本稿ではまず、基本法6条1項の保護範囲が、社会で支配的な婚姻イメージに大きく左右されることを強調する。そして、このような婚姻イメージがどのように生まれ、なぜ、そしてどのように変化していくのかを示す。特に、キリスト教が婚姻イメージと婚姻法に与えた影響に注目する。そして、三つの分野、すなわち配偶者間の内部関係、離婚、同性婚を手がかりにして、婚姻概念の変化が基本法6条1項で保障された婚姻制度に及ぼす影響を提示する。

　最後に、婚姻イメージを用いた議論の限界を示すことにする。外国の婚姻形式が関係する場合は、ドイツの婚姻イメージだけではその法的取扱いを決定することはできない。この例としては、一夫多妻制（ポリジニー・Polygynie）を挙げることができる。

48

しかし、こうした考察の実際の根拠を得るために、まずドイツにおける生活形態に関するいくつかの統計的な情報を紹介することとする。

2. 婚姻および家庭生活の変化

家族形態はますます多様化しているということはしばしば議論される現象である。ただし、この点については、総計数値が客観的に証明するよりも、主観的に強い印象をもって受け止められることが多い。

ドイツでは、圧倒的多数の子ども、つまり74％弱の子どもが、互いに婚姻している両親の下で育っている[1]。子どもの両親が同居しているが結婚していない「非婚」家庭は、全家庭の約11.7％と意外に少ない[2]。全体の約3分の1の子が婚外で生まれていることを考えると、この数字は子どもが生まれてすぐに両親が婚姻することが多いことを示している。子どものいない非婚生活共同体は、インフォーマルなカップルと区別するのが難しいため、統計的に記録するのは容易ではない。しかしながら、連邦統計局は、婚姻せずに同棲しているカップルは全体の16％にすぎず、それ以外はすべて婚姻しているとしている[3]。

次に多いのが、片親が一人以上の子どもと同居している家庭（「一人親」）である。このタイプの家庭でも、過去25年間で緩やかな変化しか起きていない。

---

1) Destatis, Mikrozensus 2021, Bevölkerung und Erwerbstätigkeit: Haushalte und Familien, Fachserie 1 Reihe 3 Tabelle 6.3.2 Lfd. Nr. 1 に基づく数値である。ここでは、子どもの法的な親であるかどうかは区別されていない。したがって、継親家庭や養育家庭も含まれている。すべての数値は、18歳未満の子に関するものである。

2) Destatis, Mikrozensus 2021, Bevölkerung und Erwerbstätigkeit: Haushalte und Familien, Fachserie 1 Reihe 3 Tabelle 5.1.2 Lfd. Nr. 1; https://www.destatis.de/DE/Themen/Gesellschaft-Umwelt/Bevoelkerung/Haushalte-Familien/Tabellen/2-5-familien.html.

3) Destatis, Mikrozensus 2021, Bevölkerung und Erwerbstätigkeit: Haushalte und Familien, Fachserie 1 Reihe 3 Tabelle 3.1 Lfd. Nr. 1; Destatis, Mikrozensus 2021, https://www.destatis.de/DE/Themen/Gesellschaft-Umwelt/Bevoelkerung/Haushalte-Familien/Tabellen/3-1-paare.html.

現在、このタイプの家庭の子は、すべての子どもの約 15.5% である[4]。子ども
が片親の下で育つ原因は、離婚であることが多い。2021 年に離婚した夫婦の
およそ半数強（51.5%）には、未成年の子どもがいた。2021 年には総数で 142,751
件の婚姻が離婚に至った[5]。婚姻生活の長さは様々であるため、これが婚姻全
体の何パーセントに影響するか（「離婚率」）は、おおよそのことしかいえない。
非常に大雑把にいえば、婚姻の約 3 分の 1 は離婚に至ると考えられる。

　2017 年 10 月から 2021 年末までに、ドイツでは全部でおよそ 65,000 組の同
性婚が締結された[6]。レインボー家族、つまり両親が同性の家族も、この間に
一般的になった。しかし、レインボー家族は、相変わらずごく稀であり、現在
では全家族の 1% 未満である[7]。

　少なくとも一人の子どもが、二人の親の一人と血縁関係のある家族共同体が
パッチワーク家族と言われる。両親が婚姻しているかいないかは重要ではな
い。パッチワーク家族の数は、（おそらく）全家族の 10-15% で、長いことこの
数は変わっていない[8]。

　以上のことから、ドイツにおける生活形態は多様であることがわかる――し

---

4)　数値の出典は以下のものである。Destatis, Mikrozensus 2021, Bevölkerung und
　　Erwerbstätigkeit: Haushalte und Familien, Fachserie 1 Reihe 3 Tabelle 6.5 Lfd. Nr.
　　104; 片親の下で育つ子どもの数は、1996 年から 2021 年に 14% 増加した。; 子どもた
　　ちではなく、家族に目を向けると、約 18% の家族が該当する。Destatis, Mikrozensus
　　2021, Bevölkerung und Erwerbstätigkeit: Haushalte und Familien, Fachserie 1
　　Reihe 3 Tabelle 5.1.2 Lfd. Nr. 1; https://www.destatis.de/DE/Themen/
　　Gesellschaft-Umwelt/Bevoelkerung/Haushalte-Familien/Tabellen/2-5-familien.
　　html.

5)　https://www.destatis.de/DE/Themen/Gesellschaft-Umwelt/Bevoelkerung/
　　Eheschliessungen-Ehescheidungen-Lebenspartnerschaften/_inhalt.html.

6)　https://www.destatis.de/DE/Presse/Pressemitteilungen/Zahl-der-Woche/2022/
　　PD22_27_p002.html.

7)　Destatis, Mikrozensus 2021, Bevölkerung und Erwerbstätigkeit: Haushalte und
　　Familien, Fachserie 1 Reihe 3 Tabelle 5.1.2 Lfd. Nr. 1.

8)　詳しくは、BMFSFJ, Stief- und Patchworkfamilien in Deutschland, 2013 参照。こ
　　の点についての正確な数字はまだ集められていないので、あくまでも推定値である。

かし、それにもかかわらず、婚姻と婚姻家族は引続き非常に重要である。婚姻のこの高い地位を法は否定してはならないが、同時に新しい生活形態についても適切な規定を設けなくてはならない。以下では、ほかでもない伝統的な法的枠組みとしての婚姻が家族に対して、どの程度開放されうるのか、また開放されなくてはならないのかを考えることにする。

Ⅱ. 婚姻イメージの意義

1. 概観

法における婚姻のイメージと聞くと、最初は驚かれるかもしれない。というのは、法は一般的にはイメージで動くことはないからである。しかし、婚姻法、とりわけ婚姻の基本法上の保護については別である。その場合には、「婚姻についてのイメージ」がやはり非常に大きな意味をもっている[9]。この点については、例えば、法が婚姻のイメージを作り出す任務をもっているということではなくて、その逆である。法は社会的な婚姻イメージを拠り所にしているのであって、社会的な婚姻イメージは、立法者にとって重要な意味をもっているのである。

しかしながら、まずは、基本法6条1項における制度保障の機能の仕方についての基本的な考え方のいくつかを見ておくことにする。

---

9) KOTZUR, Markus/VASEL, Johann J., in: Stern/Becker, Art. 6 GG Rn. 15, は、「生活世界の現象 (lebensweltliches Phänomen)」という言い方をしている。「受け継がれてきた (überkommenen)」婚姻イメージと言っているのは、ROBBERS, in: von Mangoldt/Klein/Starck, Kommentar zum Grundgesetz, Art. 6 GG Rn. 10; STEINER, Udo, in: Merten/Papier (Hrsg.), Handbuch der Grundrechte in Deutschland und Europa, Band IV, § 108, Rn. 15 は、連邦憲法裁判所が基づいている婚姻イメージを研究している。婚姻の「理想像 (Leitbildern)」という言い方をしているのは、RÖTHEL, Anne, Institution und Intimität: Die Ehe, ihre Leitbilder und ihr Recht, in: Röthel, Anne/Löhnig, Martin/Helms, Tobias (Hrsg.), Ehe, Familie, Abstammung – Blicke in die Zukunft, Frankfurt a. M. 2010 S. 9-32; この婚姻イメージについて詳しくは、COESTER-WALTJEN, in: BeckOGK, § 1564 BGB, Rn. 2 ff. を参照。

2. 自由権および制度保障としての基本法6条1項

　婚姻の法的保護にとっての社会における婚姻イメージの意義を理解するためには、まずは、婚姻法がどのように組み立てられているかについて知ることが有用である。まず第一に、婚姻に関する規範が非常に多くの法領域に存在することは明白である。私法だけではなく、身分登録法（Personenstandsrecht）、社会法、税法にも、婚姻に関する規範は存在する。ここでは、二つの領域（Komplexe）を見れば十分である。一方には基本法6条1項における婚姻の保護が存在し、他方には、ここでの文脈では、何よりもまず民法1303条以下の私的婚姻法が最も重要である単行法が存在する。

　まず、基本法6条1項を見ると、同条は、婚姻は国家秩序の特別な保護の下にあると規定している。基本法6条1項は明解であるという印象を受けるが、正確な作用の仕方は簡単には見通しにくく、一部では多少異なる判断が下されることもある。以下では、基本法6条1項の規整範囲の一端だけを詳しく考察する、つまり、いわゆる「制度的保障」を考察する[10]。制度的保障は、ここでは、基本法についての支配的な解釈によって、国家および社会において「婚姻という制度」の存在保障と解されることになる。したがって、婚姻制度は、その本質的な特徴において、法制度としての婚姻の存続を保障するものである[11]。

　この制度的保障がどのように機能するのかをより理解するためには、基本法6条1項を、まずは他の基本権の文脈に位置づけてみることが有用である。

　その場合、例えば、言論の自由を保護する基本法5条1項や、信教の自由を保護する基本法4条1項、共に人格の自由な発展を保護する基本法1条1項と2条1項に注目することができる。あるいは基本法6条1項で保護されている

---

10)　ただし、制度的保障について、詳しくは、SEILER in: Bonner Kommentar zum Grundgesetz, Art. 6 GG Abs. 1 Rn. 100. 参照。

11)　さらに、古典的な抵抗権としても機能する——そして結局、連邦憲法裁判所は、いわゆる「価値決定的基本規範」とも解している。この点について概観するには、KOTZUR/VASEL in: Stern/Becker, Grundgesetz（Fn. 9）Rn. 11; JARASS in: Jarass/Pieroth GG, Art. 6 GG Rn. 1. 参照。

他の法益——つまり、家族——に注目することができる。これらはすべてきわめて明白な自由権である。このように見てくると、婚姻の自由は、多くの他の自由の中の自由の一つであると考えられる。しかしながら、より詳しく見てみると、婚姻の場合、思想、宗教あるいはまた家族と著しい相違が存在する。

つまり、婚姻は、思想もしくは人格とは異なり、独自に存在するものではない。婚姻は単純に生まれるのではなくて、手続きを踏んで締結される。そもそも婚姻が成立するためには、まずは——もっとはっきりいうと、すでに成立前に——法的な枠組みが必要なのである[12]。つまり、人がそもそも婚姻することができるようにして、婚姻の自由が成立しうるためには、国家が婚姻の自由について法規範を制定しなければらないのである。したがって、基本法6条1項は制度的保障——国家は、婚姻という法制度を規定して、必要な法律やその法律を管轄する役所を準備しなくてはならない——を含んでいるのである。

基本法に規定される婚姻という制度が立法者によって**どのように**形作られねばならないか、つまり、個々の婚姻についての規定がどのような内容であるべきかをより詳しく考えてみると、本稿の考察の中心になるべき点にすでに到達していることになる。抽象的なこの問題を目に見えるように説明するにはことによると少しクールな比較を行うのが一番いいかもしれない——あるいは、比ゆ的にいえば、（規範がつまった）箱——は、同時に自由を実現できるだろうか？

基本法6条1項の婚姻の保護を、同じようにただ追加的に整えられた制度を必要とする、他の多くの自由権の一つと理解するならば、箱と自由の結びつきがうまくいかなくてはならない[13]。これは十分可能なことである。もう一度造

---

12)　歴史的由来も含めて詳しくは、ERBARTH, Alexander, in: BeckOGK, § 1353 BGB Rn. 85 ff. 参照。

13)　アプローチは基本的に異なるが、結果は似ているものとしては、例えば、BUMKE, Christian, Autonomie und familienrechtliche Institution am Beispiel der lebenslangen, aber auflösbaren ehelichen Lebensgemeinschaft, in: Röthel, Anne; Heiderhoff, Bettina (Hrsg.), Autonomie in der Familie – eine Schwärmerei?, Frankfurt a. M. 2022 (= Schriften zum deutschen und ausländischen Familien- und

形的に述べると次のようになる。すなわち、この箱は、婚姻したいと考えている人々が、この箱こそ自分たちの婚姻にとって魅力的であると感じるように作られていなくてはならないのである。したがって、立法者は、自由な人々が婚姻生活を送ってみたいと思うような婚姻を作らなければならないのである。今、「婚姻のイメージ」も含めるならば、法律規定は、社会における婚姻イメージに対応したものでなければならないだろう[14]。他方で、国家には、独自の婚姻イメージを指図することは許されていないのである[15]。

3. 婚姻イメージの要素

ここまでで、なぜ婚姻イメージが婚姻の自由を守るためにきわめて重要であ

Erbrecht; 33), S. 19-40; 特に、S. 22-25 mwN. しかし、制度が当初は自由を意図したものではなかったという考えには説得力がない。単に、1940 年代末には結婚のイメージの変更が話題になっていなかったということであり、したがって、婚姻イメージの特徴である自由は、適用される法律（当時は婚姻法）を通じて実現されることが完全に明らかであると思われたのである。

14) KOTZUR/VASEL, in: Stern/Becker (Fn. 9), Rn. 16; ZUCK, Rüdiger, Die verfassungsrechtliche Gewährleistung der Ehe im Wandel des Zeitgeistes, NJW 2009, S. 1449-1454; 特に、S. 1452 f.; BÖHM, Monika, Dynamische Grundrechtsdogmatik von Ehe und Familie?, in: Zukunftsgestaltung durch Öffentliches Recht, Berlin; Boston 2014 (= Veröffentlichungen der Vereinigung der Deutschen Staatsrechtslehrer; 73), S. 212-255; 特に、S. 219-227; 詳しくは、WAPLER, Friederike, Die Frage der Verfassungsmäßigkeit der Öffnung der Ehe für gleichgeschlechtliche Paare. Gutachten für die Friedrich-Ebert-Stiftung, Berlin 2015, S. 18-22; このことは、すでに BVerfG, Beschluss vom 20. März 1963 – 1 BvL 20/61, BVerfGE 15, S. 328-336; 特に、S. 332; BVerfG, Urteil vom 17. Juli 2002 – 1 BvF 1/01, 1 BvF 2/01, BVerfGE 105, S. 313-365; 特に、S. 350. にも反映されている。

15) BADURA, Peter, in: Dürig/Herzog/Scholz, GG-Kommentar, Art. 6 GG Rn. 4; HERZMANN, Karsten, Der Schutz von Ehe und Familie nach Art. 6 I GG, in: Juristische Ausbildung 37 (2015), S. 248-259; 特に、S. 252 f.; ただし、技術的な個別問題、たとえば、婚姻締結の形式的要件の形を整えること、あるいは剰余共同性の枠内で行うような経済的細目に関しては、規整の余地がある。（ただし、BVerfG, Beschluss vom 3. Oktober 1989 – 1 BvL 78, 79/86, BVerfGE 81, S. 1-12 – zu § 1357 BGB 参照)。

54

るのかが明らかになった。しかし、婚姻イメージがどのようなものになるのか
はまだわからないままであり、そして残念ながら、婚姻イメージを適切に規定
することもありきたりのことではない。

　まずは、一度、ドイツ民法制定時、つまり19世紀末に目を向けると、婚姻
に対する明確な見方がまだ見出せる。民法の規範は、意識的に完全にキリスト
教の伝統に合わされていた[16]。キリスト教の——そしてとりわけカトリックの
——教義に沿うことが正しいことだと考えられ、それゆえ離婚についてとりわ
け厳しい準則が作られた。

　このように考えられたのは、基本法施行よりずっと前のことだったとしても
も、キリスト教の考え方の受容の仕方と理由を少し詳しく見ておく価値はあ
る。まず推測できるのは、法律の父たちにとって、ことによるとキリスト教的
な離婚の教義の背景にある理性が重要だったのかもしれないということであ
る。貞節を重んじて、広範な離婚の禁止を伴うキリスト教の婚姻イメージに
は、とりわけ社会的な底意があったといってよい。夫婦関係の解消を許さない
こと——そして、婚姻への性愛の封じ込め（Begrenzung）——は、女性や子ど
も、そして老人や病人にとって、生活環境の飛躍的な改善につながった。

　しかしながら、この社会的な「底意」は、ドイツ民法制定時にはまったく役
割を果たさなかった。民法の父たちは、どのような目的のために離婚に関する
様々な規定を設けることができるのかということには取り組まなかった。その
代わり、婚姻法と離婚法については、かれらは「ドイツ国民の共通見解」と呼
ぶものによって導かれた。このことは、立法理由の中で明文をもって強調され
ているだけでなく、離婚効果についての説明と、それまで適用されていた法に
ついての正確な評価からも、婚姻とその解消についての社会の一般的な考え方
に対応した離婚法を作ることを目標にしようとする意図があったことが明らか

---

16)　MUGDAN, Benno (Hrsg.), Die gesammten Materialien zum Bürgerlichen
　　Gesetzbuch für das Deutsche Reich, Band IV, 1899, S. 301 の［婚姻の解消につい
　　ての部分は］、「ドイツ国民の全面的にキリスト教的な考え方にしたがって［…］」と同
　　じ文章で始まっている。

である[17]。

　今日的観点から見ると、このやり方は現代的なものだった。[このやり方から]見えてくるのは、婚姻と離婚についての賢明な理解である。社会における「共通見解」にしたがえば、それはまさに、今日「婚姻のイメージ」と呼ばれるものとまさに同じものである。このようなやり方で、ドイツ民法の立法者は、婚姻の私性と婚姻の自由に敬意を表しているのである。プロイセンの立法者は、婚姻法をプロイセンの人口政策の目的に向けていたのをみても、当時はまったく自明なこととはいえなかった[18]。

　しかし、現在、何が社会における婚姻イメージであるのかということを今考えなければならないとすれば、婚姻イメージはより複雑になっている。そして、婚姻の自由の実現のために重要な法治国家における婚姻の社会的イメージも、単純に多数意見と同じだと理解されてはならない。ましてや、平均的な意見が問題であるわけではない。そうではなくて、婚姻イメージは法的に織り込まれているのである。確かに一方では支配的な社会的見解と大いに関わりがある、複雑な法的構成物が問題である。なるほどこの法的構成物は多数意見が重要でないということを意味していない。しかし他方では、そしてきわめて本質的には、この構成物は、法的評価によっても生まれるのである。これは、とりわけ、法制度がもっていて、婚姻法の枠内でも注目すべき価値を意味している。現在、このような重要な価値には、キリスト教的な理想であるよりも、むしろ、例えば男女同権や一般的な平等原則のような、重要な人権が優先的に含まれている。一般的な行動の自由や人格権も、婚姻イメージにとってはより高次の意義をもっているのである[19]。

---

17)　これは（今日から見れば実に憂慮すべきことだが）配偶者の意思を後回しにすることに基づくもので、当時すでに批判的に評価されている。Röthel, Institution und Intimität: Die Ehe, ihre Leitbilder und ihr Recht, in: Röthel/Löhnig/Helms（Fn. 9）, S. 9 ff., 特に、S. 10. 参照。

18)　ただし、この点については、Voegeli, Funktionswandel des Scheidungsrechts, in: Kritische Justiz 15 [1982], S. 132 ff., 特に、S. 134 ff.

19)　Badura, in: Dürig/Herzog/Scholz（Fn. 15）, Art. 6 Rn. 50a – 53 mit Beispielen;

婚姻イメージやその効果についての以上の概略は、以下に掲げる問題
（Referenzfragen）の詳しい考察のための根拠としても十分なものになるはずで
ある。そこでは、変化した婚姻イメージがその時々にすでにどのような影響を
与えたのか、あるいはなおどのように適合させられなければならないのかを詳
しく示すことにしよう。

Ⅲ．夫婦の内部関係

大多数の人は、夫婦の内部関係はいささか特殊性があるということ、そして
連帯共同体という形をとっているということを承認していることを前提にする
ことができる。

夫婦の内部関係の法的形態に目を向けると、夫婦の内部関係に関するいく
つかの法律上の準則が存在するということがすぐにわかる。民法1353条以
下には、例えば相互的扶養義務（民法1360条）あるいは一般的な配慮義務
（Rücksichtnahmepflicht）（民法1353条1項2文）のような特定の義務が規定され
ている。

しかし、ここで扱おうとしているのは、社会における婚姻イメージと何らか
関連する法的な注目点（Auffälligkeiten）ならびにとりわけ法変動なので、別の
見方のほうが重要である。つまり、そもそも夫婦の内部関係についての法規定
はきわめて少なく、また民法で見られるわずかな規範はあまり重要なものでは
ない。

かつてはまったく異なっていた。1976年までは婚姻中の不品行、例えば、
不貞行為、あるいは一部では身体的接近の拒絶でさえある意味では制裁を受け
ることがあり得た[20]。ただし、この制裁は、婚姻継続中は直接的には行われな
かった。しかしながら婚姻中の一定の態度は離婚の際にきわめて大きな結果に

---

auch SEILER, in: Bonner Kommentar（Fn. 10）, Art. 6, Rn. 145-177. 参照。

[20]　有名なのは、die Entscheidung BGH, Urteil vom 2. November 1966 – IV ZR 239/
65, in: NJW 1967, S. 1078-1080. である。

至ることがあり得た。というのは、離婚の効果を定める際に――とりわけ、離婚後扶養を受ける権利について――、婚姻中の態度がかなり重視されたからである。婚姻法58条の扶養請求権は、有責配偶者に対してのみ存在した。当時は離婚後まだ父母の一方に割り当てられていた子の配慮権に関してさえ、離婚に対する有責性にかかっていた。婚姻法74条4号によると、有責配偶者には、例外的な場合にのみ子の配慮が委ねられたにすぎなかった。

夫婦の内部関係での態度によって左右される重大な結果を伴う、この有責主義離婚は、1976年にきわめて意識的に廃止された。

法は、現在、婚姻の内部関係にほぼ関与しない。法は、内部関係――そして特に性的関係――の形成を夫婦に委ねている。現在、一部では内部関係での夫婦の義務にもはや貞操義務さえ含まれていないとさえいわれている[21]。貞操義務の擁護者も貞操義務違反に法律効果を結びつけようとは考えておらず、また特に貞操義務の強制可能性を規定しようとは考えていないので、いずれにせよこの貞操義務問題は、実務上なんの影響もない[22]。

なぜ今日、配偶者間には互いに個人的な法的義務がほとんどないのかと自問すれば、婚姻のイメージに行き着く。法律が変わる中心的な理由は、おそらく、現在のドイツの考え方では、国家は、きわめて私的な法領域に法規定によって踏み込むという任務をもはやもたないという点にあるだろう[23]。

これを婚姻のイメージにより具体的に言及して定式化すれば、ここでは、婚

---

21) Siede, Walther, in: Grüneberg, BGB, § 1353 BGB Rn. 7; Hauß, Jörn, in: Schulz/Hauß, Familienrecht, § 1353 BGB Rn. 19; これらの見解によると、紙の上で存在する義務の廃止が主張されている。Dethloff, Nina, Familienrecht, München [33]2022, § 4 Rn. 8 f.

22) Gernhuber/Coester-Waltjen, Familienrecht, München [7]2020, § 17 Rn. 6 f.; Wellenhofer, Marina, Familienrecht, München [6]2021, § 9 Rn. 4, 9. 民法1579条7号の枠内での離婚後扶養のための新たな事情が生じた場合に例外的に想定されうる効果について、BGH, Urteil vom 15. Februar 2012 – XII ZR 137/09, NJW 2012, S. 1443-1446; 特に、S. 1444 Rn. 21; Hohloch, in: NomosKommentar, § 1579 BGB Rn. 70 f., 100-102. 参照。

23) Röthel, Institution und Intimität (Fn. 9), S. 9-32; 特に、S. 27-29; Seelmann, Kurt,

姻のイメージが変化したことを比較的明確に認識することができる[24]。現在、
夫婦の内部関係について当てはまるのは、婚姻は自由の領域であるということ
である。夫婦は、自分たちの親密な関係を互いの合意によって、自由に決定す
るのである[25]。これは1949年からそうだったのではなく、長年にわたって発
展してきたものであり、婚姻に対するイメージの最初の、議論の余地のない変
化がすでにここに現れている。

このやや短くまとめられた要約をもって本稿の第一部は終了することになる。

Ⅳ. 離　　婚

1. 問題提起と出発点

今度は、二番目の、明らかにもっと難しい問題として離婚を考えてみること
にする。離婚についての考察では、現状と現状に至るまでの発展だけではな
く、少し未来にも目を向けてみる価値がある。離婚は、1949年以降大きく変
化したといっても、最後の大きな法律改正は1977年7月1日に施行された[26]
ので、それからかなり年月が経過している。

ここでの考察の出発点は、ドイツでは離婚が可能だということである。これ

„Aber das Recht hat seine Grenze an der Liebe" – Über eine Grund-Paradoxie des
Familienrechts, in: Zwanzigster Deutscher Familiengerichtstag, Bielefeld 2014 (=
Brühler Schriften zum Familienrecht; 18), S. 61-80.

24)　このことによって生じる憲法上の婚姻概念の変化たどる者としては、WAPLER, Die
Frage der Verfassungsmäßigkeit der Öffnung der Ehe für gleichgeschlechtliche
Paare (Fn. 14), S. 20 f. も参照。

25)　詳しくは、HEIDERHOFF, Bettina, Eheliche (Rechts-) Pflichten: Ein verborgener
Diskurs, in: Lembke, Ulrike (Hrsg.), Regulierungen des Intimen, Wiesbaden 2017
(= Geschlecht und Gesellschaft; 60), S. 117-137; 特に、S. 133 f.; BUMKE, Christian,
Institution und Intimität. Die Ehe, ihre Leitbilder und ihr Recht aus
verfassungsrechtlicher Sicht, in: Prof.:innen der Bucerius Law School (Hrsg.),
Begegnungen im Recht, Tübingen 2011, S. 155-172; 特に、S. 167. 参照。

26)　Erstes Gesetz zur Reform des Ehe- und Familienrechts vom 14. Juni 1976, BGBl.
I 1976, S. 1421.

は、1949年でもすでにそうであった。婚姻は離婚によって解消することができるというのは、疑いなくドイツにおける婚姻イメージの一部である[27]。しかし、関心を引くのは、どのくらい詳しく離婚に形が与えられるべきかである。どんな手続きで、またどんな理由で離婚することができるのだろうか？

　EUの多くの国では、数年前から、夫婦が婚姻の終了を望んでいるとの理由で離婚が行えるようになっている。これはいわゆる合意離婚である。別のいい方をすると、婚姻の解消についての一種の取決めが行われるのである。それに加えて、この取決めによる婚姻の解消が、裁判所の関与なしに行われる国も少なからず存在している。一部の夫婦は、弁護士のところで、婚姻終了の取決めを締結し、別の一部の夫婦は、管轄の役所で婚姻終了について取決めを登録することができる――そして、その場合に婚姻がまったく猶予期間なしに終了することも珍しくない[28]。

　ドイツでは、上記のEU加盟国とは法状況が明らかに違っている。ドイツで

---

27)　Seiler, in: Bonner Kommentar（Fn. 10），Art. 6 Rn. 60.

28)　スペインでは、少なくとも3カ月の婚姻継続期間の存在が要件となっており、婚姻継続期間が3カ月に満たないときには、婚姻の効果についての合意に基づく取決めがあれば、裁判所または公正証書による合意によって直ちに離婚を成立させられる。詳しくは、Martin-Casals, Miquel; Ribot, Jordi, Ehe und Scheidung in Spanien nachden Reformen von 2005, FamRZ 2006, S. 1331-1336; 特に、S. 1334 f.; Ferrer i Riba, Josep, Außergerichtliche Trennung und Scheidung, Abstammungsklagen, Zuordnung der Mutterschaft und offene Adoption im spanischen Familienrecht, FamRZ 2016, S. 1557-1561; 特に、S. 1558 f. 参照。イタリアでは、（6カ月間の）別居期間がなお必要である。しかし、この期間が経過すると、夫婦は弁護士の援助を得て交渉して得られた合意、もしくは身分役場での意思表示によって離婚できる。詳しくは、Enßlin, Reinhart, Entwicklungen im italienischen Familienrecht, in: Neue Zeitschrift für Familienrecht 2020, S. 93-96; 特に、S. 95. 参照。フランスでも2017年以来夫婦が弁護士を通じて、すべての離婚効果について合意し、証書が登録前に2週間の待機期間が経過していれば合意離婚が可能である。詳しくは、Ferrand, Frédérique/Francoz-Terminal, Laurence, Beträchtliche Neuigkeiten im französischen Familienrecht 2016-2017, FamRZ 2017, S. 1456-1459; 特に、S. 1456-1458. 参照。

は、民法 1564 条により、引続き、例外なく裁判所が婚姻を離婚させなければならない。離婚原因が存在するときにのみ、裁判所は離婚の決定を出し、その決定によって婚姻は解消される。

すでに述べたのと同様、ドイツでも、離婚は夫婦が離婚を望んでいるかどうかで決まると、一般の人は思いがちである。したがって、ドイツ法でも、全体としては一種の解消合意が重要で、裁判所はこの合意を決定によって確認するだけである。しかし、国民の間に広まっているこの思い込みは完全に間違っている。この思い込みが、ここでの文脈で非常に興味深いのは、それが、社会における婚姻のイメージについて多くのことを明らかにしているからである。

2. 現行の法状況

すでに述べたように、現行法による離婚の要件は離婚原因が存在することである。既述の 1977 年の離婚法の大改正の際に、確かに離婚は簡略化された。しかし、民法 1565 条以下により、相変わらず、離婚には離婚原因が必要であるとされている。少なくとも、「原則として」離婚原因の存在が裁判所によって審査される[29]。

婚姻が「破綻している」時には離婚原因が存在する（民法 1565 条 1 項 1 文）。通常破綻（Zerrüttung）と呼ばれるこの失敗（Scheitern）が、婚姻を離婚させることができる唯一の原因である。補足的に時間的な障壁が存在する。きわめて限られた例外を除いて、婚姻は常に別居後早くても 1 年経過しなければ離婚させることはできないことになっている。

そしてこの点には立法者による一種のトリックが登場する。つまり、民法 1565 条 1 項は、共同で離婚を申し立てていて、かつ 1 年以上別居している夫婦については、婚姻が破綻していると推定されると規定している。そこで、事実上、裁判所は、きわめて稀な場合にのみ、破綻という離婚原因が存在するか

---

29) さらに家事事件および非訟事件における手続に関する法律（FamFG）127 条が適用される。同条によれば、片面的職権探知主義が適用され、これによれば、裁判所は職権で婚姻の維持に有利な事実のみを調査する。

どうかを審査しなければならないのであって、破綻という離婚原因の存在をほとんどの事例で簡単に推定することが認められているのである[30]。

3. 婚姻イメージと現行離婚法

a）問題設定

　以下では、まず最初に1977年の改正が、社会での変化した婚姻イメージにどのように応えたのかを示してみることにする。その後もなお引続き、このほぼ50年間適用されている、離婚の際には、離婚原因が存在するかどうかを裁判所が判断しなければならない離婚形式が、ドイツでの現在の離婚イメージに適っているかどうかが、なお議論されなければならない。この離婚形式がもはや婚姻イメージにそぐわないのであれば、法律は変えられなければならないだろう。というのは、国よって創設された制度が、そうしないともはや基本法6条1項に保障される婚姻の自由を体現し得なくなってしまうと思われるからである。

　この問題が興味深いのは、変化した「離婚イメージ」を示す様々な兆候が見られるからである。すでに述べたように、離婚するためには、離婚するという

30）　現在、特に破綻が審査されなければならないのは、夫婦の一方のみからの離婚の申立てがなされている場合である。というのは、その場合には、破綻の推定がなされるのは3年後であり、ほとんどの場合、3年は待てないからである。現在、家庭裁判所は、申立てをした配偶者が一方的かつ決定的に婚姻から離脱した場合、婚姻関係が破綻したと結論づけることで切り抜けている。例えば、OLG Brandenburg, Beschluss vom 29. April 2021 – 9 UF 8/21, in: BeckRS 2021, 12649; 特に、Rn. 14; OLG Brandenburg, Beschluss vom 12. Februar 2015 – 9 UF 260/14, in: BeckRS 2015, 5021; 特に、Rn. 13-16; OLG Hamm, Beschluss vom 30. Mai 2011 – 8 UF 5/11, in: BeckRS 2011, 25706; 他方で、破綻の推定根拠、すなわち1年間の別居期間は常に検討されなければならないのであるが、裁判所は、実務上、これも断念している。ただし、COESTER-WALTJEN, Dagmar/COESTER, Michael, Dogmatik und Familienrecht, in: Auer, Marietta; Grigoleit, Hans C.; Hager, Johannes [u. a.] (Hrsg.), Privatrechtsdogmatik im 21. Jahrhundert. Festschrift für Claus-Wilhelm Canaris zum 80. Geburtstag, Berlin; Boston 2017, S. 659-679; 特に、S. 674. 参照。

純然たる夫婦双方の意思以外の理由を必要とすると聞くと、多くの人が驚く。裁判所の判決の分析が示しているのは、裁判官も、破綻審査を避けているということである[31]。しかしながら、実証研究は残念ながら存在しない。

b) 1970 年代の変化した離婚イメージへの法の適合

1949 年には、基本法は、非常に厳格な要件の下でのみ離婚可能な婚姻をなお前提にしていた。これは、なお伝統的な形をとっていた、国民の間での婚姻イメージに対応していたと考えることができる[32]。

その後、1970 年代に現在の破綻主義離婚が導入され、同時に明らかに簡素化した離婚方法が規定された。この法律改正の理由は、離婚の簡略化への国の独自の関心が生じたからではない。高額な裁判費用を節約するためでもなく、婚姻をより迅速かつ容易に終わらせるべきという、何らかの国家的な必要があったからでもない。例えば、プロイセンの立法者が、かつて、出生数の増加を期待して、このようなことを行ったことがあった[33]。

しかしながら、1970 年代のドイツ連邦共和国の立法者は、自分たちのなすべきことを追求しなかった。離婚の容易化が行われたのは、離婚の容易化に向けた国民の圧力が高まったからである。これは、再び、基本法によって保護されている婚姻制度が大きく変わってしまったということに基づくものだった。破綻した婚姻への人々の拘束や離婚の際の有責性審査は、もはや婚姻イメージにそぐわないものになったのである[34]。これは、おそらくキリスト教──そして特にカトリックの教えが国民に与える影響が大きく減少したことと

---

31) 夫婦の一方による離婚申立ての場合にはこのことは特に明白である。注 28) も参照のこと。

32) VON MÜNCH, Eva M., § 9 Ehe und Familie, in: Handbuch des Verfassungsrechts, Rn. 5.

33) BUCHHOLZ, Stephan, Eherecht zwischen Staat und Kirche. Preußische Reformversuche in den Jahren 1854 bis 1861, Frankfurt a. M. 1981, S. 12; VOEGELI, Wolfgang, Funktionswandel des Scheidungsrechts, in: Kritische Justiz 15 (1982), S. 132-155; 特に、S. 134-136.

も関係していたと推測できる。

　他方で、裁判所が関与しない離婚を規定することは、当時は確かに誤っていたのだと思われる。改正時に、同じように多数意見についての詳しい調査がなかったとしても、婚姻の社会的イメージがなお高度の拘束力を含んでいたということを前提にすることが許されるだろう。立法者は、破綻という離婚原因が存在しなくてはならず、そして婚姻の解消は、裁判所の形成判決によってのみ行うことができるということを民法1564条以下に規定したことによって、この考え方にしたがったのである[35]。

　つまり、ここで関心を引く観察結果については次のように要約することができる。すなわち、1970年代に、婚姻イメージの変化が生じたと。厳格な離婚法は——ちなみに、他の多くの国でも同様であるが——、もはや適切でないとみなされた。その結果、婚姻法の［婚姻イメージへの］適合が行われた。社会における婚姻イメージが変化してしまったため、婚姻という制度が変わったのである。

---

34)　WILLUTZKI, Siegfried, 30 Jahre Eherechtsreform Rückblick und Ausblick, FuR 2008, S. 1-9; 特に、S. 2; BOSCH, Friedrich W., Die Neuordnung des Eherechts ab 1. Juli 1977, FamRZ 1977, S. 569-582; 特に、S. 574（しかし、同時に制度形成に対する批判も詳しく述べている）; 1977年に改正された離婚法の合憲性を確認しているのは、BVerfG, Urteil vom 28. Februar 1980 - 1 BvL 136/78, 1 BvR 890/77, 1 BvR 1300/78, 1 BvR 1440/78, 1 BvR 32/79, BVerfGE 53, S. 224-256; この判決になお批判的なのは、例えば、WILKENS, Erwin, Zur verfassungsrechtlichen Prüfung der Scheidungsgründe im 1. EheRG, FamRZ 1980, S. 527-533.

35)　このことはすでに直前に言及した連邦憲法裁判所の判決で示されている（注34）参照）。特に、S.245 f. そこで、裁判所が強調しているのは、離婚法には婚姻を維持する要素が含まれていなければならず、離婚は例外であり続けるということである。改正前については、MAIER-REIMER, Hedwig, Empfiehlt es sich, Gründe und Folgen der Ehescheidung neu zu regeln?, Gutachten A, in: Ständige Deputation des Deutschen Juristentages（Hrsg.）, Verhandlungen des 48. Deutschen Juristentages Mainz 1970, Band 1, München 1970, A 1-109; 特に、A 20-26. 参照。

c) さらなる離婚の容易化の必要性

　ここでさらに現代に目を向けていこう。婚姻イメージは、離婚を考慮に入れてさらに決定的に変わったのだろうか？ ほかでもなく 多数意見がどのように変わったのかを確かめることは、簡単なことではない。夫婦は、現在でも、普通は、自分たちのパートナーシップに特別に義務的な特色を与えたいがゆえに婚姻するということを前提にしていいだろう。少なくともこのことについては、数多くの社会学的調査も行われている[36]。

　このことから、次にはやはり、役所での離婚意思の単なる登録による婚姻の終了は適切ではないだろうという結論を引き出すことができる。離婚意思の単なる登録ではなくて、法が、現在でもなお離婚のための一定の要件を規定しているということは正しい。

　しかし他方では夫婦の自己責任に向ける私たちの視線は、やはりかなり変化した。配偶者の私的な内部関係に国家は関与すべきではないというコンセンサスが広く存在することは、すでに述べたとおりである。

　そう考えると、婚姻の状態を点検するという任務を（原則として）裁判所に委ねる現在の破綻主義は、現在通有している婚姻イメージにもはやそぐわないということをおそらく認めざるを得ないだろう。法は、婚姻を最終的に終えたいと考える夫婦双方の意思を決定的なものと正しく考慮しなければならない[37]。

---

36)　WIPPERMANN, Carsten, Partnerschaft und Ehe im Lebensverlauf – Die Rechtsfolgen von Heirat und Scheidung in der empirischen Sozialforschung, in: Brudermüller, Gerd; Dauner-Lieb, Barbara; Meder, Stephan（Hrsg.), Wer hat Angst vor der Errungenschaftsgemeinschaft?, Göttingen 2013（= Beiträge zu Grundfragen des Rechts; 11), S. 23-40; 特に、S. 28.

37)　類似の見解としては、COESTER-WALTJEN/COESTER, Dogmatik und Familienrecht（Fn. 30), S. 659-679; 特に、S. 678 f; COESTER-WALTJEN, Dagmar, Das Spannungsverhältnis zwischen Privat- und Parteiautonomie einerseits und staatlichen Schutz- und Ordnungsinteressen im Privatrecht andererseits, in: JuristenZeitung 72（2017), S. 1073-1080; 特に、S. 1079; 裁判外の離婚について詳しくは、SCHWAB, Dieter, Wie kommt die Ehe zum Gericht?, in: Dutta, Anatol; Schwab, Dieter; Henrich, Dieter

しかしながら、これら相反する両極の考え方を踏まえつつ、次には、婚姻の拘束力を求める夫婦の希望も引続き反映させる必要があるように思われる。場当たり的離婚（Ad-hoc Scheidung）は、結びつきを重要と考える婚姻イメージにはそぐわないだろう。離婚法改正に際しては、確かに離婚意思を決定的な基準にするが、それにもかかわらず一定の別居期間——あるいは、少なくとも「冷却（cool-off）」段階——を規定することが、おそらく正しいといえるであろう[38]。

それ以上に必要だと思われるのは、離婚効果に関する規定での弱い立場にある配偶者の保護のためのメカニズムである。一つには、離婚後の連帯も、過去の構築物ではないからである[39]。とりわけ、離婚の効果に関して、婚姻イメージが多数意見によってだけではなく、他の法的原則によっても、同様に、決定的に左右されることを、その他の点についてももう一度容易に認識することができる。これらの原則には、弱者保護も含まれる。

最後に、離婚法の改正は、ここに述べたような明確な発見があるにもかかわらず、現在のところ予定されていないことに留意すべきである[40]。

[u. a] (Hrsg.), Scheidung ohne Gericht?, Bielefeld 2017 (= Beiträge zum europäischen Familien- und Erbrecht; 18), S. 13-30; 特に、S. 26-29. 参照。

38) 詳しくは、HEIDERHOFF, Bettina, Autonomie als Privatheit – Scheidung und Scheidungsfolgenrecht, in: Röthel, Anne; Heiderhoff, Bettina (Hrsg.), Autonomie in der Familie – eine Schwärmerei?, Frankfurt a. M. 2022 (= Schriften zum deutschen und ausländischen Familien- und Erbrecht; 33), S. 41-59; 特に、S. 53-55. 参照。

39) しかし、同時に、調査結果によれば、特に若年層はパートナー関係の終了後に責任を負うことに消極的である。WIPPERMANN, Partnerschaft und Ehe im Lebensverlauf (Fn. 36) 参照、S. 23-40; 特に、S. 37.

40) 過去数十年にわたる様々なアプローチについては、WILLUTZKI, Siegfried, „Scheidung light" – gewogen und zu leicht befunden!, in: Neue Justiz 52 (1998), S. 510; BORN, Winfried, Vereinfachtes Scheidungsverfahren – immer unzulässig?, NZFam2020, 665.

V. 同 性 婚

同性婚もまた、婚姻制度の変更可能性に関する議論の中心的な問題である。

2017年10月1日以降、同性同士の婚姻が認められていることが、ドイツ基本法6条1項に沿っているかどうかという問題は、ドイツの法律学ではいまだに議論の的となっている。この問題についてまずいえることは、私たちの考察の出発点は、離婚の場合とある意味で逆であるということである。というのは、立法者がすでにこの問題を扱っているからである。ドイツ民法は、2017年に改正されて、現在、1353条1項が同性婚を規定している[41]。

その限りでは、ことによると、この点でも婚姻イメージは変わったと単純化して、短くいうことができるだろう。これは、国民の大多数が婚姻を同性者同士にも開放することに賛成しているということを示す様々な調査に裏付けられているといえるだろう[42]。その結果、同性婚は基本法6条1項の婚姻の制度的概念に包摂されていることとされ、立法者は同性カップルにも婚姻を開放することが義務づけられることになったといえるだろう。

ただし、上記のようにいうことは、複雑な出来事を大雑把に単純化するものであって、ここでは、やはり今一度もっと深く踏み込んでみることが必要と思われる。というのは、同性婚が基本法6条1項に包摂されているのかどうか、そして同時にドイツ基本法によって全面的に保護されるのかどうかについて一致した見解はないからである。むしろ、この問題は激しい論争の的になっている。ここでは、意見分布を全体的かつ多面的に示すことはできない。しかしながら、以下では、論争の中心はどこにあるのか、反対意見の主な理由は何なのかを簡単に説明することにする。その上であれば、なぜこれらの理由が見当違

---

41) Gesetz zur Einführung des Rechts auf Eheschließung für Personen gleichen Geschlechts vom 20. Juli 2017, BGBl. I 2017, S. 2787.

42) 印象的な調査については、DUDEN, Konrad, in: Münchener Kommentar zum BGB, Vorbemerkung vor § 1 LPartG, Fn. 5. 参照。

いなのか、なぜ同性婚も基本法6条1項によって保護されているのかを説明することができる。

　基本法6条1項の文言から始めると、そこには単に、「婚姻」は基本法の保護の下に置かれているとしか書かれていない。この規範は、男性と女性の結びつきでなければならないとは一言もいっていない。それにもかかわらず、1949年の基本法制定時には、同性婚が基本法6条1項の保護領域に包摂されうるということについて誰も考えていなかったということを出発点として前提にすることが認められている。婚姻という語には、婚姻は一人の女性と一人の男性が当事者であり、かつそのように想定されていたという考え方が潜んでいる。同性愛関係は強く拒絶され、かつ法律により禁止されてさえいた[43]。

　したがって、異性愛カップルにだけへの上記の限定が今日もはや存在しないのかどうかが大きな問題になる。婚姻イメージの変化や同性カップルの受容は、基本法6条1項が今日「婚姻」という不変的な概念の下で同性婚も保護しているということにつながったのだろうか？

　少なからぬ憲法学者が、引続き、そうはなっていないと考えている。この場合、同性婚そのものが否定されることはごく稀である。むしろ基本法は同性婚に対して法律を開放することは禁じられてはいないということが一般的にはほぼ認められている。後者について異なる見方をする少数の声については、ここでは詳述しない[44]。というのは、よりによって基本権が、どうしたら同性カップルに婚姻することを禁止することができるだろうかという話だからである。［そんなことはできるはずがない。］そうではなくて、本質的な論点は、基本法6条1項は、同性婚も保護しているのかどうかということである。このことが受容されるためには、婚姻についての社会の考え方、つまりは婚姻イメージ

---

43)　詳しくは、IPSEN, Jörn, Ehe für alle – verfassungswidrig?, Neue Zeitschrift für Verwaltungsrecht 36 (2017), S. 1096-1099; 特に、S. 1097. を参照。

44)　特に、VON COELLN, Christian, Wenn, dann richtig: „Ehe für alle" nur per Verfassungsänderung, Neue Justiz 72 (2018), S. 1-8; SCHMIDT, Christopher, „Ehe für alle" – Ende der Diskriminierung oder Verfassungsbruch?, NJW 2017, S. 2225-2228; 特に、S. 2228. 参照。

が、基本法6条1項理解にとって重要な程度に変化していなければならないだろう。

多くの場合、基本権保護に反対する論者は、この点について婚姻イメージなどまったく重要なものではないとみなしている。もっと正確にいうと、今二人の男性もしくは二人の女性にもお互いに婚姻することを認めるというやり方で、婚姻を［同性カップルに］開放することは、変化した婚姻イメージの基本法6条1項の保護領域への許される適応とするには、あまりに大きすぎ、根本的すぎる変化であるとみなされている。基本法6条1項の基本権は、とにかく男女の結びつきだけに限定されているというのである[45]。同性カップルへの門戸開放は、完全に新しい規定に相当するものであり、規範の変更を必要とするというのである[46]。

抽象的に見れば、基本権を単純に完全に再定義することはできないということは説得力がある。これは、少なくとも、基本権がその効力を失って、濫用的手法で変容させられてしまうかもしれないので、危険なやり方といえよう[47]。

---

45) BADURA, in: Dürig/Herzog/Scholz（Fn. 15），Rn. 58 は、夫婦の性の違いを「婚姻の刻み込まれた特徴」と呼んでいる。詳細については、GÄRDITZ, Klaus F., Verfassungsgebot Gleichstellung? Ehe und Eingetragene Lebenspartnerschaft im Spiegel der Judikatur des Bundesverfassungsgerichts, in: Uhle, Arnd（Hrsg.），Zur Disposition gestellt? Der besondere Schutz von Ehe und Familie zwischen Verfassungsanspruch und Verfassungswirklichkeit, Berlin 2014（= Wissenschaftliche Abhandlungen und Reden zur Philosophie, Politik und Geistesgeschichte; 78），S. 85-132; 特に、S. 100-106; この点について反対するのは、BROSIUS-GERSDORF, Frauke, in: Dreier, Grundgesetz Kommentar, Art. 6 GG, Rn. 81; ROBBERS, in: von Mangoldt, Klein, Starck（Fn. 9），Rn. 46 f.; KOTZUR/VASEL, in: Stern/Becker（Fn. 9），Rn. 37 f.; WOLLENSCHLÄGER, Ferdinand, Die Öffnung der Ehe für gleichgeschlechtliche Paare aus verfassungsrechtlicher Perspektive, in: Wollenschläger, Ferdinand; Coester-Waltjen, Dagmar（Hrsg.），Ehe für Alle, Tübingen 2018, S. 2-131.

46) そのように明言するのは、GÄRDITZ, Verfassungsgebot Gleichstellung?（siehe Fn. 45），S. 104 f; 同旨、IPSEN, Ehe für alle – verfassungswidrig?（siehe Fn. 43），S. 1098.

第2章　婚姻イメージの変化と婚姻法の変化　*69*

　しかし、ここでは実際に新解釈が問題になっているのかどうかは疑問である。配偶者の男女比が 1949 年当時は［一対一であると］考えられていたのが、現在では異なることが許されてしまうと、それはもう本当に「婚姻」ではないのだろうか？ このような見方には様々な強力な反証がある。ここでの出発点は、冒頭で意図的に省略した形で取り上げた、婚姻に対するイメージの変化についてのより正確な記述でなければならない。婚姻に対する決定的な社会的イメージは、異性であることという婚姻の条件にとって変化した――この条件は、もはや必要ないと考えられる。この経過は、決して多数意見が変わったということによってのみ起こったものではない――上述のように、これだけでは十分ではない。むしろ、社会的な婚姻イメージは恣意的なものではないということを常に念頭に置いておかなくてはならない。人々が見解を変えたからといって、社会的な婚姻イメージは簡単には変わらない。その代わりに、正しく理解された婚姻イメージが、法的に強力に浸透させられる――特に、基本権として浸透させられる。その限りでは、基本権は相関的に形造られる。それゆえ、すべての人の平等取扱いと人格の自由な発展が、婚姻イメージの重要な法的要素を形成している[48]。ドイツの法制度のこの本質的評価は、明らかに、異性婚と同性婚の平等を支持している。以上によって、出発点は明確になった。すなわち、社会における婚姻イメージは実際に変わったのである[49]。

---

47)　したがって、憲法の変化は一般的には批判される。例えば、HILLGRUBER, Christian, Verfassungsrecht zwischen normativem Anspruch und politischer Wirklichkeit, in: Die Leistungsfähigkeit der Wissenschaft des Öffentlichen Rechts, Berlin 2008 (= Veröffentlichungen der Vereinigung der Deutschen Staatsrechtslehrer; 67), S. 7-56; 特に、S. 14-17, 43-49 参照。しかし、以下のものだけは反対する。VOßKUHLE, Andreas, Der Wandel der Verfassung und seine Grenzen, in: Juristische Schulung 2019, S. 417-423; VOLKMANN, Uwe, Verfassungsänderung und Verfassungswandel, in: JuristenZeitung 73 (2018), S. 265-271; 特に、S. 271.

48)　WOLLENSCHLÄGER, Die Öffnung der Ehe für gleichgeschlechtliche Paare aus verfassungsrechtlicher Perspektive (Fn. 45), S. 96-100.

49)　生じた変化についても、WAPLER, Die Frage der Verfassungsmäßigkeit der Öffnung der Ehe für gleichgeschlechtliche Paare (Fn. 14), S. 23-32. 参照。

今度は、基本法6条1項の保護領域も拡大されたのかどうかの点で存在する、文字通り争いのある問題に取り組むことができるのである。夫婦の性が異なることが、実際に、基本法6条1項でいう婚姻の不変的な核心に関わるというのであれば、この問題に取り組むことは不可能だろう。

婚姻制度についての上述の自由主義的理解を背景にすると、ここでは、不変的な核心というようなものがそもそも存在するのかどうかさえまさに問うことができるだろう[50]。ただし、やはり婚姻に対するいくつかの不変的な要求がおそらく存在するだろう。よくいわれる、説得力のある見解によると、婚姻は、人が生涯にわたりお互いに誓いあうために、自由な意思に基づいてとり結ぶ形式化された結びつきである[51]。それは二人でなければならないのか、それとももっと多くの人とでもできるのかは、見方が分かれる。この問題は、今は重要なことではない。というのも、ドイツでは当分の間、複数婚は結婚の社会的イメージに含まれないからである[52]。

したがって、結婚には不変的な核心があり、その核心には今述べたような要素が含まれていると考えられる。次に問題になるのは、婚姻では夫婦の性が異なっていることも、この核心に含まれるのかどうかである。しかし、なぜ、ほかならぬ［一対一という］配偶者の男女比が婚姻の決定的かつ不変の基準でなければならないのかという問いに耐えうる理由を見つけるのは難しい。今提唱した、基本法6条1項の自由志向のゆえに狭く解される婚姻保護の核心は、ここでは問題にならない。むしろ、同性婚も、基本法6条1項にいう生活共同体の特別な形態の中心的要件を満たしている[53]。

---

50) このことにおそらく否定的と思われるのは、WAPLER, Die Frage der Verfassungs-mäßigkeit der Öffnung der Ehe für gleichgeschlechtliche Paare (Fn. 14), S. 21.

51) ANTONI, Michael, in: Hömig/Wolff, Grundgesetz für die Bundesrepublik Deutschland, Art. 6 GG, Rn. 5; GERNHUBER; COESTER-WALTJEN, Familienrecht (Fn. 22), § 6 Rn. 1; 同旨、BROSIUS-GERSDORF, in: Dreier (Fn. 45), Rn. 50; そのうえ、BVerfG, Beschluss vom 6. Dezember 2005 – 1 BvL 3/03, BVerfGE 115, S. 1-25; 特に、S. 19. は夫婦の性が異なることについても言及している。

52) この点については、V. で詳しく述べる。

第 2 章 婚姻イメージの変化と婚姻法の変化 71

異性カップルと同性カップルの間の最大の違い、つまり、時折引き合いに出される「一般的な生殖能力」を、なお考えてみることはできるだろう[54]。ただし、この一般的な生殖能力を婚姻の核心に含めることは間違っている。一般的生殖能力は、これまでも基本権保護の要件ではなかった。そうではなくて、これまでずっと、70 歳の者同士が行う婚姻も基本法 6 条 1 項によって保護されてきたのである[55]。

同性カップルに婚姻の門戸を開くことを杓子定規に排除する理由がないのであれば、それが婚姻のイメージと一致するかどうかにかかってくることにならざるを得ない。ここでもう一度、婚姻というイメージの法的性格を強調しておきたい。同性愛カップルへの基本法 6 条 1 項の保護の拡大は、異性愛者でない人の平等取扱いにつながり、さらには人格の発展と一般的な行動の自由に資することになる。結局、これが非常に重要なことであるが、基本法 6 条 1 項による同性婚の保護は、誰からも何かを奪うものではないのである。そのことによって、誰も不利益を被ることはなく、異性婚は少しも影響を受けないのである。ロバース（Robbers）の言葉を借りれば、「二人の人間が互いに完全に関係をとり結ぼうとする場合」、つまり婚姻を締結する場合、憲法上の意味での婚姻が存在するということができるのである[56]。

---

53) ROBBERS, in: von Mangoldt/Klein/Starck, GG (Fn. 9), Art. 6 Rn. 32, は、配偶者の性が異なっているということを「憲法上の婚姻理解の核心領域」の一部と（もはや）みなしていない。同旨、DETHLOFF, Nina, Ehe für alle, FamRZ 2016, S. 351-354; 特に、S. 353 f. 注 45) 挙示の文献も参照のこと。

54) BADURA, in: Dürig/Herzog/Scholz（Fn. 15), Rn. 4; VON COELLN, Christian, in: Sachs, Grundgesetz, Art. 6 GG Rn. 6. は、家族であるという点で、基本的に偏見をもたずに異性婚のみを保護することを正当化しており、同時に、生殖能力は具体的なケースでは重要ではないこともともと認めている。同旨、UHLE, Arnd, in: BeckOK, Art. 6 GG Rn. 4; IPSEN, Ehe für alle – verfassungswidrig?（Fn. 43), S. 1098 f.

55) KOTZUR; VASEL, in: Stern/Becker（Fn. 9), Rn. 18、具体例については、BLOME, Thomas, Die Geschlechterverschiedenheit der Ehegatten – Kerngehalt der Ehe nach Art. 6 I GG?, Neue Zeitschrift für Verwaltungsrecht 2017, S. 1658-1663; hier S. 1661 f. 参照。

VI. 多　数　婚

　最後になお基本法6条1項による多数婚の保護に触れておくことにする。多数婚では、婚姻イメージの変化もしくは制度保障の変化はもはや問題にならない。既述のように、多数婚は、現在、ドイツの婚姻イメージにそぐわないものであって、そのことについては異論の余地さえない[57]。したがって、基本法6条1項は、ドイツで、複数の人と婚姻を締結する権利を付与しているわけではない[58]。その他の点については、ドイツ国籍を有する者は、現行の抵触法にしたがい、外国で有効な多数婚を行うことはできない。というのは、婚姻締結の要件については、民法施行法（EGBGB）13条により常に国籍が関係してくるからである。同時に、EGBGB13条1項は、ドイツに常居所をもつ外国籍を有する者がその母国で行う多数婚を自動的に有効なものにはしていない。母国法によると有効な多数婚が問題になる場合でさえ、ドイツでは、この点についてはなお、一般的な管理制度、つまり「公序」が適用されることになろう。特にドイツやドイツの法制度と密接な関係がある場合、多数婚がドイツの法制度の重要な原則に反すれば、そのようなケースでは有効性が否定される可能性がある[59]。

　以下では、外国籍をもつ者が、ドイツに移住する前に、その者によって母国

---

56)　ROBBERS, in: von Mangoldt/Klein/Starck（Fn. 9), Rn. 47a.

57)　JARASS, Hans D., in: Jarass/Pieroth, GG, Art. 6 GG Rn. 4; VON COELLN, in: Sachs (Fn. 54), Rn. 7; MICHAEL, Lothar; MORLOK, Martin, Grundrechte, Baden-Baden [7]2020, S. 154. これとは別に、BROSIUS-GERSDORF, in: Dreier (Fn. 45), Art. 6 Rn. 78f. は、制度的保証は一夫一婦制の結婚に限定されるものでもないと考えている。

58)　詳しくは、COESTER-WALTJEN, Dagmar/HEIDERHOFF, Bettina, Zum Entwurf eines Gesetzes zur Bekämpfung der Mehrehe, in: JuristenZeitung 73 (2018), S. 762-769; 特に、S. 767 f.; auch ROBBERS, in: von Mangoldt/Klein/Starck (Fn. 9), Art. 6 Rn. 42. 参照。

59)　個別的には、COESTER, Michael, Kommentar zu Art. 13 EGBGB, in: Münchener Kommentar zum BGB, Rn. 71. 参照。

で締結された多数婚をドイツ法がどのように扱っているのかを見てみることにする。想定されているのは、外国法によると有効に行われたような婚姻である——当事者の母国法によっても無効で、それゆえドイツでも当然同じように効力をもたない、田舎の風習にしたがった多数婚をめぐるものではない[60]。

　二人の女性と婚姻しているシリアの医師がその例となる。イスラム法の考え方によると、原則として、二人の女性のどちらか一方がもう一方よりかなり年上となるだろう。最初の婚姻がおよそ20年前に締結されたことが想像できる。共同の子どもたちは大体成人になっている。そのうえで、その医師は、10年前にもう1回婚姻した。二人目の妻との間に幼い子がもう一人いる。8年前から、この医師は、二人目の妻と子と一緒にドイツで暮らしている。

　国際私法がこの婚姻をどのように扱うかという技術的な問題をもう一度簡単に見てみると、この場合の状況は明らかである。EGBGB13条1項による婚姻の評価は配偶者の国籍に基づくものであり、婚姻はシリアの法律に基づいて合法的に締結されたものであるため、ドイツでは有効であるとみなされる。しかし、今度は、ドイツの法制度が、この一人の夫と彼の二人の妻との間で、シリア法上もドイツ法上も有効に存在する、この一夫多妻婚をも保護するのかどうかが検討されなければならない。

　まず最初に、ここで特に重要な滞在権についてみてみると、婚姻による二人の妻が家族として、ドイツでの派生的滞在権を取得することは認められないだろう[61]。別の言い方をすると、この医師は、自分がドイツで一緒に暮らそうと思う妻を一人選ばなけれなならないことになる。それはいささか愕然とすることであるが、多くの場合、劇的な選択の判断は必要ないだろう。というのは、多数婚（一夫多妻婚）での生活状況は通常明らかだからである。いずれにしても、通常、年上の女性は、別の住居で、ほとんど別居のような生活を送ってい

---

60)　EBERT, Hans-Georg/HEILEN, Julia, Islamisches Recht, Leipzig 2016, S. 153. シリア法について詳しくは、MÖLLER, Lena-Maria, Überblick über das syrische Familienrecht, in: Das Standesamt 70 (2017), S. 298-303. 特に、S. 300. 参照。

61)　§ 30 Abs. 4 Aufenthaltsgesetz (AufenthG).

る[62]。

しかし、真の問題は、ドイツの国籍法を見るときに現れる。ドイツで8年間合法的に暮らし、働いているシリア人の夫が、ドイツでとても幸せだとしよう。彼はうまく順応して、帰化を申請しようと考えている。ドイツに8年滞在した彼は、国籍法（StAG）10条に基づき、「ドイツの生活環境への統合」が確認される限りにおいて、帰化を申請する権利を有する。一夫多妻婚が行われているとしたら、ここで疑義をもたれるかもしれない。しかしながら、その点について考える必要はない。数年前に、StAG10条は、この点について、明解で例外ない規定によって補充された[63]。一夫多妻婚で生活している者は、StAG10条1項1文（末尾）で、帰化を認められない。

多数婚が、まさにドイツ法では実際に規定されていないという事実を見ると、まずはむしろ無害に聞こえる。しかし、ここでみた事例にとってどういう意味をもつかを考えると、話は変わってくる。その場合には、帰化は当人にとって非常に重要であることを考えなければならない。その場合、彼は苦境に立たされるのである。すなわち、彼は、帰化申請するために、離婚によって二つの婚姻のうちの一つを終わらせなければならないのである。

婚姻を離婚させるというこの圧力は、基本法6条1項と合致し得ない。たとえ、制度保障に含まれない[64]多数婚が問題になる場合でも、ドイツ国内での承認によって、一定の保護が与えられてしかるべきである。現存する婚姻に介入する、あるいは婚姻を完全に解消することを国家に禁止する、抵抗権による保護がこの場合に影響してくるのである[65]。

したがって、国籍法で*離婚*が帰化の要件にされることは容認できない。なぜ

---

62) 一夫多妻婚の背景と典型的な組み合わせについて詳しくは、HEIDERHOFF, Bettina, Aktuelle Fragen zu Art. 6 GG: Flüchtlingsfamilien, Regenbogenfamilien, Patchworkfamilien – und das Kindergrundrecht, in: NZFam 2020, S. 320–326; 特に、S. 323. 参照。COESTER-WALTJEN/HEIDERHOFF, Mehrehe (Fn. 58), S. 766. も参照。

63) Mit Wirkung vom 9.8.2019 durch Artikel 1 Drittes Gesetz zur Änderung des Staatsangehörigkeitsgesetzes vom 4. August 2019, BGBl. I 2019, S. 1124.

64) 注57) の既出の文献参照。

なら、抵抗権としての基本法6条1項の効力の中心的部分は、婚姻をこのような意味で営むことが認められるという点に存在するからである。

Ⅶ. 結　　論

　婚姻の法的イメージ、婚姻制度、抵抗権としての婚姻について、このように個別に非常に広範に述べた後では、ごく簡単に結論を述べれば十分だろう。

　最後に、もう一度、キリスト教の婚姻イメージと社会的婚姻イメージの関係に言及することにする。現在でもなお、ドイツでの婚姻イメージはキリスト教の考え方に影響されている。しかし、詳しく観察すると、次のことがわかる。すなわち、婚姻に向ける国家のまなざしと婚姻に向けるカトリック教会のまなざしは、これ以上ないほど異なっているのである。

　教会の婚姻法は理想によって特徴づけられている。婚姻は、性愛と子どもの成長のための空間を提供するものとされており、連帯と、最良の場合、生涯続く愛情によって特徴づけられている[66]。これに対して、国家の婚姻法は、自由権としてのみ正しく理解することができるのである。国家法としての婚姻法は、そもそも国家の理想を実現しようとするものではなく、社会で共有されている婚姻イメージに導かれるものなのである。

　そして婚姻についての二つの理解は、ますます少なくなってきてはいるとし

---

65)　HEIDERHOFF, Bettina, in: von Münch/Kunig, Grundgesetz-Kommentar, Art. 6 GG Rn. 252. 抵抗権としての基本法6条1項の機能についての総論は、BVerfG, Beschluss vom 7. Mai 1958 − 1 BvR 289/56, BVerfGE 6, S. 386−389; 特に、S. 388; BADURA, in: Dürig/Herzog/Scholz（Fn. 15）, Rn. 73. 参照。

66)　例えば、BORMANN, Franz-Josef, Der ‚besondere Schutz von Ehe und Familie‘ − nur noch eine Leerformel?, in: Augustin, George/Proft, Ingo（Hrsg.）, Ehe und Familie. Wege zum Gelingen aus katholischer Perspektive, Freiburg i. Br. 2014（= Theologie im Dialog; 13）, S. 54−70. 特に、S. 61−63; SAUTERMEISTER, Jochen, Ehe leben. Moraltheologische und psychologische Perspektiven, in: Bischof, Franz X.; Levin, Christoph（Hrsg.）, Ehe − Familie − Kirche, Berlin 2015, S. 334−356; 特に、S. 338, 340.

76

ても、やはりつながっているのである。19世紀末、ドイツ民法典の立法者は、まだ「ドイツ国民の一般的なキリスト教の信条に従って」[67] 婚姻法を制定したのである。したがって、立法者はすでに社会における婚姻のイメージを志向していたが、それはまだキリスト教による影響を受けていた。今日、社会のカトリック的性格———一般的にはキリスト教的性格でもある———が弱まったので、国家の婚姻法と教会の婚姻法もますます乖離したのである。

---

67) MUGDAN, Die gesammten Materialien zum Bürgerlichen Gesetzbuch für das Deutsche Reich, (Fn. 16) S. 301.

第3章

デジタルコンテンツに関する消費者契約に対する欧州連合（EU）の新しい法規制[1]

---

1) 訳者：デルナウア　マーク、中央大学法学部教授。原文はドイツ語であるので、文献、外国法律および国際条約などの引用の場合に、ドイツ式の引用方法が使用されている。

I．本稿の対象

2019 年に、EU はすでにデジタルコンテンツに関する消費者契約について二つの指令を制定した。

その一つ目の指令、いわゆる「物品売買指令」[2] は昔からあった指令、いわゆる 1999 年の「消費物品売買指令」[3] の進展である。この指令は、簡単に言えば、購入した物品がデジタルコンテンツ要素を含む場合に対するいくつかの特別な規定に関するものである。その二つ目の指令は「デジタルコンテンツ指令」[4] であり、全体として新しい指令である。この指令は、それも簡単に言えば、契約の目的物がデジタルコンテンツであるかまたはデジタルコンテンツを含んでいるときに適用される。しかし、デジタルコンテンツがただ購入された物品の一部であるときには、適用されない。

以上の二つの EU 指令には EU 法の強行的な効力があるから、ドイツでも国内法化された。2022 年 1 月 1 日より、ドイツ民法（以下「BGB」という）にはデジタルコンテンツに関する契約の給付義務および履行障害について特別な法規定がある[5]。

本稿では先ず、何故に EU はデジタルコンテンツに関する消費者と事業者との間の契約のために特別な法規定を制定したか、また、ドイツの立法者はこの

---

2) 物品の売買契約の一定の側面に関する欧州議会および理事会指令、指令（EU）2019/771（欧州連合官報 2019、L 136/28）。この指令は規則（EU）2017/2394 および指令 2009/22/EC を改正し、指令 1999/441/EC を廃止する。

3) 消費物品の売買契約および消費物品の保証の一定の側面に関する欧州議会および理事会指令、指令 1999/22/EC（欧州連合官報 1999、L 171/12）。

4) デジタルコンテンツとデジタルサービスの供給に関する一定の契約法的な側面に関する欧州議会および理事会指令、指令（EU）2019/770（欧州連合官報 2019、L 136/1）。

5) その際、ドイツの立法者は独自の概念を選択した。BGB 327 条 1 項には、契約がデジタルコンテンツの提供、またはデジタル役務を含む場合に、それを「デジタル商品（digitales Produkt）」とされている。

特別な法規定をどのように BGB に組み入れたかという点について説明する
（Ⅱ.～Ⅳ.を参照）。その後、特別な解釈問題について論ずる。その際、ドイツの
国内法的な制度と EU の消費者保護の趣旨との間の基本的な違いに焦点を当て
ることにする。それに加えて、契約の自由およびサステイナビリティ（持続可
能性）に重点を置く。サステイナビリティとは、商品はなるべく長く使用でき
る状態で製造されて、すぐ処分されないということをコンセプトとしている。
つまり、環境保護の観点である。

Ⅱ. EU 法の一般的な規制目標についての事前の考察

1. 部分的な問題対応

　EU の立法者は特にデジタルコンテンツに関する消費者契約についてのルー
ルを制定したかを問うとき、EU 私法の一般的な目標は、自律的な国内の私法
とは全く異なっていることがはっきりと認識されなければならない。

　外観上のみからしても、EU 私法は、その各々が個々の特定の問題にのみ関
係している、多数の個別法令で構成されている。いくつかの例を挙げると、消
費者クレジット契約、商品の瑕疵、および（不動産利用権）のタイムシェアに
ついて EU の法令がある。それに対して、これも例だけであるが、契約の成
立、不当利得の返還、または、物の所有権の移転等については、EU の法令は
ない。このような EU 法の断片的な性格の理由は、EU 法が非常に特定な規制
目標を追求することからである[6]。

　それに対して、国家における私法は私人間の全分野におけるすべての法的関
係を規律する必要がある。とりわけ、私人が契約の締結により私的自治を発揮
できるために包括的な枠組みを備えなければならない。そのため、契約の成立
および契約の履行の際に問題となりうるすべての点のために配慮しなければな

---

6) Classen, von der Groeben/Schwarze/Hatje, Europäisches Unionsrecht（第 7 版、
　2015 年）, 欧州連合の機能に関する条約（EU 機能条約、AEUV）114 条（Rn. 15）を
　参照のこと。

らない。それぞれの法規定は内容の面で当事者両方の利益を公平に調整することを目指している。

EU 私法はそのような契約自由を行使できる法枠組みを形成する必要がない。その課題は加盟国の国内の契約法で果たしているからである。EU 私法はむしろ全面的な契約法に基づき、特別な問題点に向けて配慮する[7]。当該の問題点を定めるには、権限の根拠が重要な役割を果たしている。なぜならば、欧州連合は私法の分野においても権限の根拠（規定）の範囲内でしか行動できないからである。ここでのテーマに関係する契約法の法令は常に同じ根拠規定、つまり「欧州連合の機能に関する条約」（以下「EU 機能条約」という）114 条 1 項に基づいている。この法規定により、欧州連合は欧州単一市場に改善を得るために EU 私法の指令を制定することができる[8]。このことを知れば、不動産の賃貸借や不動産売買等の法規制はどうして存在しないかを理解することができる。このような契約は大抵地域に根付いていて欧州単一市場に関係しないからである。しかし、ある稀な契約の種類は欧州単一市場に強い関連がある。例えば、バケーション不動産に関する利用権のタイムシェアに関する契約がある。

2. 欧州連合の単一市場の促進する消費者契約法

EU 機能条約 114 条 1 項は特に消費者契約法の分野において通常使われていることは理解することが容易ではない。消費者保護法は取引を行う事業者にとって制約的な効果があるからである。しかし、どうして消費者保護を目的とする指令は欧州連合の単一市場を改善するかという点について明確な理由付けがある。まず、消費者はエンド・ユーザーとして欧州連合の単一市場における取引において中心的な当事者であるとされている。つまり、消費者がもっと消費すれば単一市場発展に寄与する。また、消費者の消費増加を誘発するための

---

7) Baldus, Staudinger, Eckpfeiler des Zivilrechts（2020 年），Rn. A 286 以下を参照。

8) Korte, Calliess/Ruffert, EUV/AEUV（第 6 版、2022 年），EU 機能条約，Rn. 23 以下を参照。

手段は消費者の信頼を高めるものである[9]。すべての EU 加盟国に統一的且つ保護水準の高い消費者法が形成されれば、消費者の信頼が高くなり、もっと消費し、とりわけ、例えば海外での購入や借入れのように、国境を超えた法取引を躊躇しないこととなる[10]。

デジタルコンテンツ指令および物品売買指令の中にも、消費者取引に関する異なる法令により生ずる法的不安定性は、すなわち、「欧州連合の単一市場に対する消費者の信頼を縮小すること」は、具体的に言及されている[11]。

このことを知れば、デジタルコンテンツについてのルールがそもそも何故に制定されたのかが明確になるだけではなく、その具体的なルールの内容のほうも理解しやすくなる。消費者の信頼を高めるには、ルールを作ること自体では足りず、そのルールが内容の面で、消費者が信頼して給付を安全に取得できるようなものでなければならない。常に、これは消費者が必ず高い保護の水準を受けるルールで実現される。例えば、瑕疵担保責任（＝契約不適合責任）のない方法で物品を買うことは不可能になってくる。EU の消費者契約法は当然に契約自由の原則に基づいているけれども、驚くほど多くの強行法規が見られる。Basedow（バセドウ）教授は、EU の立法者は私的契約形成を「軽減すべき危険（a risk, which has to be limited）」とみなしているように見える、とわかりやすい言葉で定式化している[12]。

---

9) それを基本的に説明するのは Rösler, Europäisches Konsumentenvertragsrecht（2004 年）, 140 頁以下; 欧州連合の戦略として例えば Neue Verbraucheragenda – Stärkung der Resilienz der Verbraucher/innen für eine nachhaltige Erholung, COM（2020）696, 1 頁、15 頁; Neugestaltung der Rahmenbedingungen für die Verbraucher, COM（2018）183, 4 頁以下。

10) 消費物品売買指令、理由の第 4 および 5 号。

11) デジタルコンテンツ、理由の第 5 号、指令物品売買指令、理由第 4 号。

12) Basedow, EU Private Law, 2021, 416 頁。

Ⅲ. デジタルコンテンツの契約における消費者信頼の向上

1. 信頼を築くことという新しい指令の趣旨

これまでもすでに述べているが、消費者の信頼向上という指令の趣旨は当該の指令内容にも影響を与える。その指令は必ず高い消費者保護の水準をもたらす。消費者の「正当な期待」を満たすことが目的であるということがしばしば明示的に述べられている。前の指令より、デジタルコンテンツ指令ではこのような消費者の信頼への方針はさらに明確になっている。特に物品についての品質要請は、消費者が「合理的に」期待できることに基づいており、特別な合意の可能な範囲は狭い。

欧州連合の立法者は、各個に、特にデジタルコンテンツに関する契約において生じる問題への対策を取っている。

2. デジタルコンテンツに関連する物品に対する主要な新規制 （物品売買指令）

不思議でもあるし、法の適用にとっても複雑なのであるが、欧州連合はデジタルコンテンツに関する契約に対する法規制を二つの指令に分けて規律した。

その場合、物品売買指令は優先的に適用されるが、消費者は事業者から物品を購入して、その物品における機能に必要なデジタルコンテンツが組み込まれている場合に限って適用される。最も良く知られている例は自動走行車（オートノマスカー）である。

もし消費者がこのような動産をリースし、または、機能に関するデジタルコンテンツが組み込まれた不動産を購入したら、この場合に物品売買指令が適用されないであろう。その線引きは場合によって難しく、本稿の後半に詳細に検討する。

物品売買指令により、すべての消費者売買契約に適用される一般的な法規定はデジタルコンテンツを含む物品購入の場合にも適用される。しかし、いくつ

かの「小さな」特別規定があり、それらは BGB 475a 条以下に国内法化された。この特別規定は特にアップデートという問題と関連する。従来の物品売買では、売主が買主に目的物である物を引き渡す時にすべての履行義務を果たした。それゆえ、物品が引渡しの時に瑕疵がない状態であった場合、その後に発生することについて売主は責任を負わない。それがドイツでは「危険の移転」と呼ばれる。引渡しの後に物品に発生することには買主が危険を負担する。これは確かに妥当である。例えば、購入された物品は後に買主の自宅で床に落ちてしまうと想像したら、これは売主に関係のない出来事である。しかし、デジタルコンテンツの多くの場合には定期的なアップデートが必要となる。スマートフォン（多機能携帯電話）もしくはオートノマスカーのソフト・ウエア等がそれに該当する。したがって、このアップデートの提供のために、物品売買指令は危険の移転とは関係なく、売主に延長的な責任を負わせる。しかし、その延長期間は正確に決まっておらず、消費者が個別の物品に応じてどの期間を正当に期待できるかによる（以下 V. 3. b）を参照)[13]。

3. デジタルコンテンツ指令の主要な規制内容

　第 2 の指令、つまりデジタルコンテンツ指令はデジタルコンテンツが契約の目的物となっている契約に適用される。デジタルコンテンツの概念は極めて広い。例えばデータのダウンロード等の個別なデジタル給付も、デジタルコンテンツが含まれる物品（以上のデジタルコンテンツを含む物品購入を除く）も、その概念定義の範囲内にあり、さらに役務契約も賃貸借契約もその範囲に含まれていることも重要である。そうすると、例えば住宅デジタル監視システムおよびクラウドのストレージサービスもデジタルコンテンツである[14]。消費者は得ら

---

13) BGB 475b 条 4 項、2 号には「消費者は物品及びデジタル要素の種類及び目的、さらに契約の種類及び事情を考慮して、それにより期待できる期間」が記載されている。

14) デジタルコンテンツ指令、理由第 19 号；詳しくは Staudenmayer, Die Richtlinien zu den digitalen Verträgen, Zeitschrift für Europäisches Privaterecht（ZEuP）

れる給付に対してお金を払うことだけでなく、データを提供するだけの場合でも、そのような構造となる契約を含むことはEU指令の立法者にとって非常に重要であった[15]。我々はこのことをしばしば行うが、そのときには給付を無料で得られると考えられることが多い。その例の一つはFacebookである。また、オンライン・ゲームの場合、情報を得られる場合（例えば健康診断のアプリ）でも、自分の氏名および電子メールを知らせることが一般的である。

　デジタルコンテンツ指令の規制内容を概観すると、規制範囲は物品売買指令より広い。最初に、給付をどのようにするかが定義される。なぜなら、これはまず消費者は保護が必要だと思われる問題点がある。具体的にはデジタルコンテンツの給付を得られる（アクセスを得る）ことは、多くの場合、簡単ではない。例えば、インターネットからダウンロードされた映画を保存できないか、スタートすることができないか、あるいは、ダウンロード先のクラウドへのアクセスはどのように得られるか、このような問題がある。給付を確実に得るために、デジタルコンテンツ指令5条1項は、一方では、（事業者が）給付を直ちにしなければならない、と規定している。他方、デジタルコンテンツ指令5条2項によれば、「デジタルコンテンツは……消費者に……提供されたとき、又は、アクセスが可能にされたとき」に、債務の履行が完了する。当該指令はこの点に関して曖昧であると言わざるを得ないが、事業者は履行すべき時に履行しなければ、消費者は即時に契約を解除する権利を得るということは消費者にとって有益である[16]。

　第二の重要な規制の対象は、デジタルコンテンツ指令の6条～10条に規定されているデジタルコンテンツの契約適合性に関することである。ここには重

　　2019, 663, 671 頁; Spindler/Stein, Die endgültige Richtlinie über Verträge über digitale Inhalte und Dienstleistungen, MultiMedia und Recht（MMR）2019, 415 頁。
15)　以下 V. 1. c）を参照のこと。
16)　デジタルコンテンツ指令をドイツで国内法化する BGB 327c 条により、消費者はもう一度事業者に対し催告する必要があるけれども、事業者はその場合に追加的に履行するには時間を要するわけではなくて、事業者は催告に対して直ちに履行しないと、消費者は即時に契約を終わらせる（＝解除）ことができる。

要かつ新たな点についての規定がある。契約の適合性は、これまでと同じく優先的に契約当事者の主観的な観念に基づき判断されるわけではなく、主観的な観点および客観的な観点の両方の観点より肯定される必要があることになっている[17]。つまり、当該の給付と同じような種類の給付には何が通常であるのかということ、および消費者は何を期待できるのかということが決定的となる。このようなコンセプトは法実務に新たな課題を与える。なぜなら、何が通常であるのか、または消費者は何を期待できるのか、これを判断するのは簡単ではない。価格の安い給付は価格の高い代替的給付と同じ品質を備えるべきか。条文の文言にある「同じ種類のコンテンツ（Inhalte derselben Art）」は、価格の差によりという区別はできないと言える。つまり、このように、新たな客観的な契約の適合性というコンセプトは物品売買指令にも採用されたので、このコンセプトはすべての通常の物品売買にも適用されるので、非常に重要な課題となっている[18]。

それに加えて、商品の品質について有効な特別の合意（特約）をすることも難しくなった。従って、この例にはEU消費者契約法の典型的な規制方法が見える。消費者の保護は消費者の契約自由より重要だと評価される。この点も本稿の後半にもう一度詳しく検討される。

第三の規制対象は契約に適合しない給付の場合の消費者の権利である。それに関してはもう一つの新たなコンセプトが使われている。物品売買指令と同じように、責任を負うには引渡しまたは提供の時点はすでに決定的ではない。しかし、デジタルコンテンツ指令は物品売買指令よりさらなる進展をする。デジタルコンテンツを継続的に提供するときに、その給付は提供の全期間に瑕疵がないように維持しなければならない[19]。このことは当然のことだと思われるが、

17）　デジタルコンテンツ指令7条、8条、また、9条にも、デジタルコンテンツが「デジタル環境」に統合されるための条件が記載されている。その問題に関する概説については Staudenmayer（Fn. 14）663, 678 頁を参照。

18）　物品売買指令6条、7条。

19）　デジタルコンテンツ指令11条3項。請求権の消滅時効もそれに伴って拡張された（BGB 327j 条を参照）。提供期間終了から12ヶ月になっている。

色々な問題がある。この点については以下に検討する。

　消費者の権利について見ると、追完履行（指令では「レメディ」（Abhilfe）と呼ばれている）、代金減額、契約の解除（ここでは「終了」（Beendigung）と呼ばれている）、および損害賠償の請求権であるが、大部分の権利は典型的なものである[20]。従来の指令と同様に、損害賠償請求権の詳細は定められておらず、EU加盟国の判断に委ねられている。しかし解除権には様々な特徴がある。それらも以下でさらに詳細に検討する。

　最後に、デジタルコンテンツ指令 19 条には提供期間中にデジタルコンテンツまたはデジタル役務を変更するための規定が存在する。この点に関しても、欧州連合の立法者はデジタル役務の場合の特徴を見ている。それはデジタルテクノロジーの迅速な発展について考えると理解できることである。事業者は特定の条件でデジタル給付を変更することができる。消費者は、この変更が相当な不利益を生ずる場合のみに、契約を終了させることができる[21]。

Ⅳ．ドイツへの国内法化

1．国内法化の方法に関する一般的な言説

　新たな法規定における詳細な問題点を検討する前には、まず一般的に EU 指令そのものについて少し考察することが有意義である。指令は直接に適用されず欧州連合の各加盟国がそれを国内の私法にする必要がある。EU 法では、この国内法化がすべての指令の趣旨を実現し、特に指令に備えられている消費者の権利が効果的に行使できるようにしなければならない[22]。私法の指令の場合

---

20)　瑕疵担保責任の権利（Gewährleistungsrechte）の概要は Staudenmeyer（Fn. 14）663, 685 を参照のこと。国内法化の詳細は Spindler, Ausgewählte Rechtsfragen der Umsetzung der digitalen Inhalte-Richtlinie in das BGB, MMR 2021, 528 頁を参照のこと。

21)　詳しくは Hunzinger, Änderungsbefugnisse des Unternehmers nach § 327r BGB: Auslegung und Vertragsgestaltung im Lichte der AGB-Rechtsprechung, Computer und Recht（CR）2022, 349 頁を参照すること。

には、国内法化は、方針や方法・体系に二つの非常に違う制度が立ち合うので、常に難しい。

当初ドイツの立法者は指令の内容をできるだけドイツ法の法体系に嵌め合わせて入れ込もうとした。1999年の消費物品売買指令を契機として、以前からどうしても必要な債権法の大改正もすることになった[23]。

しかし、ドイツの法体系に入れ込むことは摩擦がないわけではなかった。売買法には、その摩擦は特に追完履行のコンセプトでわかる。ドイツ法にはこのコンセプトは未知で、最初は解除のように扱われていた。追完履行を請求していた消費者は、引き渡された物をしばらく使用したためそれに対する補償をしなければならなかったし、消費者が不動産などの物に取り付けた購入物の取り外しやその後の新たな取り付けに必要なコストを負担することとされた。欧州司法裁判所は、ドイツの立法者がEU法をドイツにおける法の観念に嵌め合わせる試作をドラマティカルな判決で突き倒した[24]。ドイツの立法者は段々深く注意してきて、EU指令に要請される内容を厳密に遵守することになった。

それにしても、立法者および裁判所は今日でもまだドイツ国内の法体系や方法に固執している。それは特に当事者間の正当な利益衡量の原則に該当する。それに、私法には制裁の機能がないというドイツ法の原理も、しばしば問題を起こしている[25]。物品売買指令およびデジタルコンテンツ指令の国内法化には、

---

22) Ruffert, Calliess/Ruffert, EUV/AEUV (Fn. 8), EU機能条約288条(Rn. 28以下); Wiedmann, Gebauer/Wiedmann (編集), Europäisches Zivilrecht (第3版、2021年), 第2章, Die Anwendung des Unionsrechts (Fn. 43); Stürner, Europäisches Vertragsrecht (2021年), § 8 (Rn. 33)。

23) 例えばLeible/Wilke, Gebauer/Wiedmann (Fn. 22), 第11章 (Rn. 33)。

24) EuGH NJW 2008, 1433; EuGH 2011, 2269頁 (Weber/Putz)。

25) 例を挙げると、現在は特に無効の取引約款の効果は何かというのがよく議論されている。欧州司法裁判所はいくつかの判決において、その無効の効果は経済的な面で事業者にとって非常に厳しいものであっても妥当と判断されていた。例えば事業者は何の反対給付を得ない場合にこういうように判断された（ECLI: EU:C:2023:14 (D.V.), Rn. 45）。これは無効の取引約款の使用に対する「制裁」であるとされている。その基本的なコンセプトについては欧州司法裁判所の判決, Neue Juristische

このような傾向は残り僅かであるが、その点もまだ見られる。

2. 物品売買指令およびデジタルコンテンツ指令の国内法化

a）注意深い国内法化および調節可能性の手際が悪い利用

　以上に説明したEU指令の一般的な注意深い国内法化は物品売買指令およびデジタルコンテンツ指令の場合にもよく見られる。ほぼすべての点でドイツの立法者は指令の形態に倣っていた。つまり、ドイツの立法者は指令の内容をドイツの体系・方法に嵌め合わせることを非常に手控えた。完全統一化を目的とする指令なので、どう国内法化すれば良いのかには選択可能性はあまりなかった。つまり今回の指令は消費者保護の最低限の基準を定めるだけではなく、むしろ「上のほうにも下のほうにも」強行法規である。加盟国の立法者はその指令を額面通りに国内法化せざるを得ず、指令より上回る消費者保護も下回る消費者保護も作ってはいけない。

　ところで、完全統一化を目的とする指令の場合でもEU指令の内容を正確に国内法化すると同時に国内契約法の整合性を確保する可能性がある。それは、指令の内容が消費者契約の場合の適用だけを目指しているとしても、それをすべての契約類型に適用することにする可能性である。これは「過剰な国内法化（überschießende Umsetzung）」と呼ばれる。正確にいうと、その場合には、国内法化の後にまた整合的な契約法を得るために、ドイツ国内法の体系を消費者契約の場合だけを変更することではなく、すべての契約にその変更を行う。完全統一化の場合でも指令の内容を消費者契約でない契約に適用されるまで指令のルールを採用することは違法ではない。なぜならば、消費者契約でない契約はそもそも指令の適用範囲外である。それに関してドイツの立法者の自由は残されているからである。

　　Wochenschrift（NJW）2021, 611頁（Banca B.）を参照のこと。ドイツの通常連邦裁判所（Bundesgerichtshof（BGH）、ドイツの民事事件における最高裁判所）はそれに対して両当事者に妥当な和議的な判断をしようとしている。その例はBGHZ 209, 337頁、BGH NJW 2019, 2602頁、BGHZ 90, 69, 80頁以下を参照のこと。

当該指令の内容はその具体的に決定された規制範囲を超えたとしても良いと判断されるときに過剰な国内法化にすれば適切である。しかしながら、物品売買指令およびデジタルコンテンツ指令の国内法化のときに、立法者はその可能性を非常に控えめに利用した。特にデジタルコンテンツを含む物品に関する主要な改正点は大体、ほぼ指令の文言通りに消費者契約だけに適用されるように国内法化された。その諸規定は売買法において BGB 474 条以下にある。その分離の理由は、当該指令のルールは余りにも一方的に消費者の利益の考慮のみからと考えられているからである。これは全体で見れば理解できる考えである[26]。

過剰な国内法化を全体的に議論するつもりはないが、個々のドイツの立法者の決定はあまり説得力がない。指令が定める客観的な瑕疵概念（以下に V. 2.）は改正後の現在、BGB 434 条によれば、すべての契約に適用されるが、この考え方はまさに契約自由の原理に合わないと言わざるを得ない。今までに適用されていた主観的な瑕疵概念のほうが、二人の事業者との間の売買契約の場合に、その二人の事業者の両方の具体的な契約における利益を考慮できるので、明らかに適切である。それに対して、アップデートの義務や延長された責任期間等のようなデジタルコンテンツに一般的に意味がある要素は消費者契約だけに適用されることになった（BGB 475b 条および 475e 条を参照）。そのため、事業者間の売買契約にはそのような適切な法規定は欠けている[27]。これは一般的な問題のみならず、デジタルコンテンツの場合に延長された提供義務期間はサス

---

26) 自律的なドイツ法では EU 指令の制定前においてすでにデジタルコンテンツの契約内容のための改正が必要であるかについて議論があったが、法改正の必要性についての疑問を有する人は多かった。Faust, Digitale Wirtschaft – analoges Recht: braucht das BGB ein Update?: Gutachten zum 71. Deutschen Juristentag, Teil A (2016); Spindler, Verträge über digitale Inhalte – Haftung, Gewährleistung und Portabilität: Vorschlag der EU-Kommission zu einer Richtlinie über Verträge zur Bereitstellung digitaler Inhalte, MMR 2016, 219 頁を参照のこと。

27) Meller-Hannich, Die Warenkaufrichtlinie und ihre Umsetzung, Deutsches Autorecht（DAR）2021, 493, 494 頁。また、疑問を示すのは Harke, Warum nur 1:1, GPR（Zeitschrift für das Privatrecht der Europäischen Union）2021, 129 頁。

テイナビリティの観点でも重要だと言え、残念である（以下V. 3. b）を参照）。

b）デジタルコンテンツ指令の国内法化のために債権総則に採用された節

　デジタルコンテンツ指令の国内法化の手続を形式の側面で見ると、債権総則に新たな節が組み入れられた（BGB 327条以下）。BGB 475条以下のデジタルコンテンツを含む物品に関する法規定と同じくBGB 327条以下の節は消費者契約のみに適用される。ここにも、二人の事業者間の契約にも二人の消費者間の契約にも、法のギャップがある[28]。この極めて不必要な適用制限を除き、新しいルールを債権総則のところに追加することは一番良い選択である。

　指令の案が発表された後、間もなく、新しい契約の類型を導入することは必要ではない、という指摘がなされた。なぜなら、債権法の制度には契約類型が給付により区別されるし、目的物の付与の種類による区別はないからである。自転車ならば、その物の所有権を取得することができる、つまりその物を購入することができるし、その物の一時的な占有を取得することもできる、つまりその物を賃借することもできる。その自転車を贈与することもできるし、請負契約の一環としてある自転車を別な古い自転車を元に改造してもらうこともできる[29]。デジタルコンテンツに関しても以上のすべての可能性がある。従って、もし新たな契約類型を作っていたらこれは現在の債権法体系に対して不釣り合いのものになったであろう[30]。

　そうすると、すべての契約類型において、指令の内容を反映させるために、デジタルコンテンツの場合の特別規定を追加することは、もう一つの選択肢であった。その選択をしていたら、それがきわめて多くの重複をもたらしたであ

28）　これを指摘するのは例えばRieländer, Leistungsstörungen im Digitalvertragsrecht – Teil II. Zur Umsetzung der Digitale-Inhalte-Richtlinie im BGB, GPR 2022, 28, 40頁。

29）　EU契約法では、売買契約と請負契約とはまさに簡単ではない。ドイツにおいては、契約の重点はあるものを新しく製造する目的の場合に売買契約の法が適用される（BGB 650条、物品供給の契約 Werklieferungsvertrag）。

30）　Wendland, Sonderprivatrecht für Digitale Güter, Zeitschrift für Vergleichende Rechtswissenschaft（ZVglRWiss）118（2019年）191, 194頁。

ろう。また、その場合には、各事案において、当該契約はどの契約類型に属するかとの選別が非常に重要になったであろう。ところで、このような選別は特にデジタルコンテンツの契約の場合には困難である。例えば賃貸借の要素、役務の要素、売買の要素または請負等の要素はデジタルコンテンツの契約の場合に混ざって異なる給付が混合する傾向が見られるのである[31]。

　新たな節を債権総則のところに追加することで以上のような重複や選別の問題を回避することができる。また、共通なことを先に共通に規律することもBGB の一般的な体系に相応する。しかし、各契約類型に関する節にも、立法者は追加的にもう一つの規定を設けることが良いと考え、その各規定は、債権総則における関連規定のほうが優先的に適用されるという内容である。法体系的な視点から、それも理解できる点である。つまり、普通ならば、BGB の債権総則のところには優先的に適用される特別規定が置かれているのではなく、むしろ債権各論の章にある法規定が債権総則の法規定の適用を排除する。今回の債権各論に追加された法規定は警告表示板に似ており、デジタルコンテンツの場合に BGB 327 条以下の規定が優先的に適用されるということを確認している[32]。

V. 個別の問題点

1. 契約類型の選別

a) デジタルコンテンツの契約か、物品売買の契約か

　先ずは、両方の指令の適用範囲の区別について検討する。その中の法規定が定める法律効果は異なるので重要である。

　多くの場合にはその区別は簡単である。例えば、そもそも賃貸借または請負

---

31) このような構造について Stürner, Europäisches Vertragsrecht（2021 年）§ 21
（Rn. 7）を参照のこと。

32) Heiderhoff/Rüsing, §§ 327ff. BGB in der Fallbearbeitung, Jura 2022, 1243, 1245
頁。

等が対象であって売買契約でない場合には区別は常に簡単である。そのような対象は物品売買指令の適用範囲外である。しかし、基本的に物品売買の契約（例えば動産の売買）があって、その契約は、その売買に加えて窃盗防止のためのジー・ピー・エス（GPS）システムが備わっている電動アシスト自転車の場合に、デジタルコンテンツが含まれているときに、その区別は非常に困難になる。

　両方の指令には、デジタル要素が物品機能のために必然的である場合に売買契約法が適用されると規定している。だから、指令の文言に大体沿う[33] BGB 327a条3項には、「デジタル商品がない場合に物品の機能を施すことが不可能である」場合に売買法が適用されると記載されている。残念ながらこの文言は一義的ではない。デジタル機能が組み込まれた物品の場合に、ある消費者はこの機能が重要だと思っているが、別な消費者はこの機能はいらないと思っているという例を想像してみたら、分かるであろう。

　以上の文言の理念は、デジタル要素がなければ物品全体が機能しないときにその物品は明らかに瑕疵があって売買契約の法でその問題を簡単に処理できるだろう[34]。これに対して、あるソフトウェアが物品の機能に必然的でなければ、デジタル要素に瑕疵があっても物品自体はまだ何らかの価値があると言える。その場合に、瑕疵担保責任に基づく解除等の権利が（デジタルでない）物品までにも及ぶかについては、別途に考えざるを得ない。デジタルコンテンツ指令は、国内法によってその条件を決めてこの問題を解決するべきだと規定しているが、指令でも区別するにはその鍵を握っている。物品はそのデジタル要素がない場合でも普通の使用に使えるのであれば、またはデジタル要素がなくても

---

33)　デジタルコンテンツ指令2条3号、3条4項および物品売買指令2条5号、3条3項。

34)　しかし、このルールは全く無意味だと指摘するのは Gansmeier/Kochendörfer, Digitales Vertragsrecht – Anwendungssystematik, Regelungsprinzipien und schuldrechtliche Integration der §§ 327 ff. BGB, Zeitschrift für die gesamte Privatrechtswissenschaft（ZfPW）2022, 1, 15頁。

消費者は物品にまだ関心がある可能性があれば、以上の区別のためのルールは
丁度適切である[35]。従来の通説はその区別に関連して売買契約の法の適用をな
るべく排除しようとしている。それによると、物品自体はデジタル要素がない
場合にほとんど使用できないときのみ売買契約の法が適用されるとしてい
る[36]。一旦、売買契約の法は消費者にとって簡単かつ利益のある制度であると
見えるかもしれないが、でもこれはそうではない。もちろん、売買契約の法に
基づき、物品だから直接に権利を行使することができる（例えば車を返還する）
が、デジタルコンテンツの場合でも、もし消費者は物品に関心がなければ、そ
れを同じようにできる。全体で見れば、デジタルコンテンツに関する個々の
ルールはより適切であるし、消費者にとってより利益のあるものである。

　さらに、デジタルコンテンツを含む物品に関する契約は多くの場合に複合的
契約である[37]。その場合、消費者は一つの契約を締結しているが、物品だけを
得ているわけではなく、それに加えてデジタル役務等も取得する。法律はこの
ような契約を「パッケージ契約（Paketverträge）」という。そのような契約に
は、デジタルコンテンツ指令は必ず適用され、デジタル要素の不適合のとき
は、消費者がその全体の契約を解除することができる場合がある[38]。

---

35)　BGB 327m 条 5 項、6 項によって、様々な場合に違う条件が適用されるし、パッ
　　ケージ契約または総合契約によって違っている。これも更に容易に避けられる区別
　　の問題を含んでいる。

36)　例えば Fries, BeckOGK BGB, 1.4.2022, § 327a（Rn. 14）; Gansmeier/Kochendörfer
　　（Fn. 34）14 頁; Metzger, MünchKomm BGB（第 9 版、2022 年）§ 327a BGB（Rn. 12）;
　　Lorenz, Die Umsetzung der EU-Warenkaufrichtlinie im deutschen Recht, NJW 2021,
　　2065, 2070頁; その反対の意見は Rieländer, Leistungsstörungen im Digitalvertragsrecht –
　　Teil I, GPR 2021, 257, 260 頁（物品のすべての機能の利用可能性が必要である）を
　　参照のこと。

37)　Pfeiffer, Neues Kaufrecht – Die Umsetzung der Warenkaufrichtlinie in
　　Deutschland, GPR 2022, 223, 224 頁。

38)　BGB 327a 条 4 項はそのためパケージのその他の部分に関心がないことを必要と
　　する。

b）契約類型の区別において残されている意味

総合的な物品売買契約の存在を否定し、デジタルコンテンツ指令の適用を肯定したときに BGB 327b 条以下が適用される。しかし、ドイツの立法者はそれでも契約の類型によって少し異なる効果があるような国内法化を行った。特に事業者の一次的な給付義務には、債権各論に規定されているそれぞれの典型契約の法規定が適用される。例えば賃貸借の場合に BGB 535 条、請負の場合に BGB 631 条が適用される。また、損害賠償請求権の内容に関しても違いがありうる。これはさらに法適用を難しくすると言える。この点は詳しく検討しない。むしろ一つの特別な問題だけを検討したい。それは、消費者が対価として情報・データを「支払う」場合である。

c）「対価として」の情報・データおよび贈与契約

デジタルコンテンツ指令は明確に、消費者がデジタルコンテンツを代金ではなくて、情報・データで「支払う」場合を含む。欧州連合のレベルでさえも、これに関連するルールの問題点がある[39]。最初は、情報・データの提供は代金の支払いと同じく、真の対価のように扱うと考えられていた。このような文言は、データ保護法的な問題点のため、後に落とされていた。それで個人情報・データを提供する契約上の義務を緩めることが目的であった[40]。しかし、この変更は少し問題のある事情をもたらした。消費者は金銭の支払いの代わりに事業者に個人情報・データを提供したときに、この契約はそもそもどのような契約類型であるかということが問われる。

その場合に、原則としてそれは交換契約だとの学説[41]は説得力がある。消

---

39) Staudenmayer, Die Richtlinien zu den digitalen Verträgen, Zeitschrift für Europäisches Privatrecht 2019, 663, 668 頁。

40) 例えば Metzger, Verträge über digitale Inhalte und digitale Dienstleistungen, Juristenzeitung（JZ）2019, 577, 579 頁。

41) Harke, BeckOGK BGB, 1.1.2023, § 516 BGB（Rn. 66）; Gansmeier/ Kochendörfer（Fn. 34）27 頁；契約は成立の条件については Bauermeister, Die „Bezahlung" mit personenbezogenen Daten bei Verträgen über digitale Produkte,

費者は情報・データを提供することに対してデジタルコンテンツを含む物品を取得したら、BGB 480 条を通じて BGB 474 条以下の物品の売買契約法の条文が適用されるという長所がある。これに対して、散発的に提案されている贈与契約[42]だと決めることは適切でない。何故なら、新たなルールの立法趣旨は情報・データを真の代価として扱うことからである。EU の立法者は、事業者は消費者から情報・データを消費者から得る契約がやはり無償契約ではなく、情報・データの提供は代金の支払いを代替することだと強調するつもりであった。従って、売買契約または交換契約の法の適用は EU の立法者の趣旨と一致する。

2. 契約の適合性および契約相手との合意の内容

a) 主観的な契約適合性および客観的な契約適合性

以上にすでに説明したように、両方の指令の主たる規制要素は、物品の契約適合性は主観的な適合性も、客観的な適合性も前提にしている。従来の主観的な瑕疵観念は継続するが、契約の目的物はいずれにせよそれに加えて客観的な観点で契約に適合せざるを得ない。即ち、契約の目的物は必ず通常用途に適することに加えて消費者は合理的に考えて期待できるような普通な数量および品質の要件を充足せざるを得ない。それで、客観的な適合性の新たな意義は、もはや当事者間の合意は必ずしも優先的ではない。商品の品質についての相異なる合意は異なる形で問われる。更に、必要ならば試用品または試作品にも適合し、消費者が期待できる関連部品およびマニュアルと共に提供せざるを得ない。ドイツの立法者はその要件を、すべての物品売買に適用される BGB 434 条 3 項に、デジタルコンテンツに関して BGB 327d 条 3 項に国内法化した。

Archiv für die civilistische Praxis (AcP) 2022, 372 頁。

42) BGB 516a 条は贈与契約におけるデータの提供を前提にしているが、稀の特別な事例にしか適用されない。非常に価値のある給付を基本的に無償にするつもりであるが、副次的にデータを提供することもある事例に限るのである。

第 3 章　デジタルコンテンツに関する消費者契約に対する……　*97*

b）特約

aa）「合意」の普通より高い要件

　客観的適合性の新たな意味に照らして、品質についての特別な合意の可能性は違うように問われる。すべての当事者は共通にある品質または用途を認識して合意をしたということでは足りない。客観的に期待できる品質と異なる品質についての合意（特約）はもっと明確にしなければならない。

　従来の売買契約の法は、当事者間で契約の目的物に関する要件を自由に定めることができることを認めている。だから、当事者は売買の目的物の品質または用途の要件について普通に要求される品質等より上回る、または、下回る品質等を合意することができる。そうすると、従来は、極端な温度に耐える塗料、またはもう調律できない、飾物や工作でしか使用できない古いピアノでも購入することが可能だった。ドイツの最高民事裁判所である連邦通常裁判所（Bundesgerichtshof（BGH））の判例はいくつかの問題点に関して複雑[43]ではあったが、当事者は物品の品質の基準について、黙示的でも、合意して定めることができる基本原理は一般的に認められていた。

　今後物品の品質等についての合意の要件が変わるかどうかはまだ明確でない[44]。しかし、デジタルコンテンツ指令 8 条 5 項の契約適合性の客観的な要件より「マイナス」のほうに相違するための合意は確実に難しくなった。このような有効な合意はともかく、デジタルコンテンツは客観的な要件を満たさないことについて消費者が契約締結のときに「特別に情報提供された」ことが前提となっている[45]。また、消費者は明示的にその事情を承諾したということも必

43）　品質や用途に関する特約の通常連邦裁判所の判例についての概要は Wilke, Besonderheiten der Beschaffenheitsvereinbarung im Kaufgewährleistungsrecht, NJW 2023, 633, 634 頁を参照のこと。

44）　それに対して、このような特約のほうが以前より簡単になったとい考え方もよく見られる。例えば Kirchhefer-Lauber/Rüsing, Ausgewählte Auslegungsfragen nach Umsetzung der Warenkaufrichtlinie, Juristische Schulung（JuS）2023, 12, 13 頁を参照のこと。

45）　詳しくは Rachlitz/Kochdörfer/Gansmeier, Mangelbegriff und Beschaffenheitsver-

要である。物品に関して同じルールは物品売買指令の7条5項にある。このような合意は減多にされないということは、指令の立法者はそれをおそらく知って容認すると言えるだろう。これはすでに一度言及した消費者の信頼を高めるための契約自由の制限化である。

ドイツの立法者はこの評価を認識して指令を BGB 476条1項および327h条に国内法化した。間違いなくこのルールは少し隠れているところにある。

明示的な合意という要件には例外がない。消費者が契約の目的物のマイナスの品質を知っているだけは決して有効な合意として足りない。マイナスの品質は明らかであっても、それでも足りない。買主が瑕疵を知っていたときまたは重大な過失により瑕疵を知らなかったときに、売主は瑕疵担保責任を負わないと規定する BGB 442条は物品売買契約の場合には適用されない（BGB 475条3項、第2文）。デジタルコンテンツの場合には、そのような法規定はそもそも存在しない。

bb）要件の詳細

当該指令の厳格な基準のため、客観的な品質等の基準から相違するための合意はその他の契約内容より個別的にしなければならないと一般的に認識されている。特に消費者の同意表示は明示的かつ個別的に行われなければならない。書面方式の要件自体はないが、実際にはこの合意または消費者の同意を、証明できる等のために、書面にしたほうが良いと言わざるを得ない[46]。

消費者には普通の品質等の基準からの相違を明示的に伝えるべきか、あるいはただのマイナスの品質を事業者が伝えるべきか、その点について議論がまだ続いている。当該指令を額面通りに表示する BGB 476条1項第2文1号および327h条の文言によれば、マイナス相違を明示的に伝えなければならないように見える。従って、具体的な品質を表現するだけでは足りず、普通の品質等

---

einbarung, JZ 2022, 705 頁以下を参照。

46) 例えば Metzger, Münchener Kommentar BGB（第9版、2022年）, § 327h BGB （Rn. 6）。

の基準の具体的な相違について表示しなければならないという考え方が支配的である[47]。

　消費者の信頼を高める指令の趣旨に沿うなら、この考え方は納得できる。消費者はデジタル給付の対象を定める品質等の項目のリストから、その品質等は自分にとって有利か不利かを自分で読み取るべきではない、と考えている。消費者はむしろ、その品質等の基準との相違が明確に言い聞かせられた場合のみ、その品質等の基準からの相違を覚悟せざるを得ない。

cc) 複数の視点

　新しい客観的な瑕疵観念は法実務にいかなる影響を及ぼすかについて、現在多くの思い悩みがある。しかし、もしかしたら、「通常の」品質や「合理的な」期待について判断するときにその物品の代金も考慮されるので、客観的な基準は段々より主観的な基準に変化するかもしれない。一つの例を挙げると、将来に向けても、9.90ユーロのフィットネストラッカーより199ユーロのフィットネストラッカーのほうが遥かにプログラムや可能性が多いということは変わらない。だからと言って、すべての価格の安いものが契約に不適合なものであるというわけにはいかない。

　全く機能していない給付物の場合でも、特別な合意がいつも必要だとも想像しにくい。フリーマーケットで、明らかにもう機能していない20年前に製造されたノートパソコンを購入したときに、後に、この器具はインタネットの検索に使用できないため契約に不適合なものだとは言えないだろう。

　以上の二つの例に瑕疵担保の責任を制限するには、売買の目的物を狭く定義せざるを得ないだろう。特にフリーマーケットの例には、これは避けがたい。購入者はこの例でそもそも機能するノートパソコンを購入したわけでなく、むしろノートパソコンの形となっている電気電子機器廃棄物を購入したと言える

---

47)　Wilke, Das neue Kaufrecht nach Umsetzung der Warenkauf-Richtlinie, Verbraucher und Recht（VuR）2021, 283, 285頁およびHerrler, Schuldrechtsreform 2.0, Deutsche Notarzeitung（DNotZ）2022, 491, 502頁。

100

だろう。そして、その電気電子機器廃棄物は契約に適合していた。

いずれにしても、新しいルールが実際にどのように適用されるかということは現在まだわからない。

c）責任範囲に関する結論

法的責任の範囲を見ると、マイナスの品質等または欠けている機能についての合意の厳格な基準は特に興味深い。先ずは、消費者は購入の前に物品が客観的に普通の基準に相違することを認識したという場合でも、瑕疵担保責任の権利はある。つまり、消費者はそのことを知った場合でも、追完履行請求、追完履行の失敗の場合に契約を解除、または購入金額の減額請求等の通常の権利を行使することができる。

それに対して、損害賠償の請求権に関しては事情が少し違う。以下の例について考えられたい。ある消費者は自分の住宅のため最先端技術の洗濯機を購入して、その洗濯機は自動的に適切な洗濯プログラムを選ぶとされているが、洗濯機のドラムに「自動的な洗濯プログラムはまだ試作の段階です。いつも確認してください。」というタッグが付いている。購入者はその前に店で見た洗濯機にもこのようなタッグが付いていた。この事情のもとで、購入者は高いカシミヤ・セーターを洗濯機に入れて洗濯機の自動的なプログラム選択の結果を確認しないで洗濯をした。このときに、セーターが縮むと、購入者は損害賠償を請求できるか。

すでに自動的に洗濯プログラムを選択することができる洗濯機が存在するという前提だとしたら、以上の例における洗濯機は契約に不適合していないと言わざるを得ない。洗濯機は試作の段階であるということで、普通の使用に適するわけではないので、BGB 434 条 3 項 1 号に規定されている客観的な要件に相違する[48]。なぜなら、プログラムの選択を確認すべき試作品という物を期待する必要がないからである。また、この例には特約がない。有効な特約には

48）　もし洗濯機は賃借された場合に、同じ内容の BGB 327e 条 3 項第 1 文 1 号が適用される。

BGB 476 条 1 項により明示的かつ個別的な合意が必要だが、この例のように、売主が一方的にタッグを付けることはその要件を満たさない。損害賠償の請求権のそれ以外の要件も具備化されている。帰責事由は推定されているし、また瑕疵がもたらした結果損害の場合には催告をするのは必要でないからである[49]。

それにも関わらず、購入者はセーターについては損害賠償が得られるかということは非常に疑わしい。ともかく、損害賠償を減らすべきである。BGB 254 条 1 項には一般的に、被害者にも過失があったら、その割合に応じて損害賠償の請求権を減らすべきである、と規定している。機具に付いていたタッグのため、購入者は、自分の行動は危険で、セーターが壊れる可能性があると知ることができた。高いセーターをチェックせず洗濯するのが過失のある行動であった。

過失相殺の原理がここで適用されるかを問うことができる。つまり、高い客観的な要件からの相違が BGB 476 条 1 項および BGB 327h 条を満たさない場合に過失相殺を認めることで、それがこれらの規定の趣旨を逸脱することになりうる。それで、消費者は結局、洗濯プログラムの選定が契約に適合すると同じような行動をしたので、または、瑕疵を知らないように行動したであろう。しかし、基本的には、契約の不適合を知ることは瑕疵担保責任の権利を制限することにはならないとされている。消費者は基本的に、ただの商品の上の表示で、係る物品もしくはデジタルコンテンツの品質に相違があることを期待すべきになること、そういう負担を回避しようとされていた。それにも関わらず、そこまで考えることは不相当である。物品の瑕疵の普通の例を考えてみると、それほどの消費者の「保護」は行き過ぎと言える。消費者はリースした自動走行車がインタネットに安定して接続しないことを知ったら、ステアリング・ホイールを離して居眠りをすることは許されない。瑕疵があることは第三者または自分の損害を加えて良いということの正当化の理由になるわけではない。瑕

---

49) この請求権の根拠は BGB 437 条 3 号および 280 条 1 項である。

疵がある場合の損害賠償には、やはり消費者は物品の危険を知ったかどうかと
影響がある。もしその瑕疵を知っていたら、その瑕疵から生じる結果損害の発
生を回避することを期待できる。もしその結果損害を回避しなかったら、自分
の損害賠償の請求権が縮減されるに違いない。

3. 引渡し後に発生する瑕疵（不適合）責任

a）概要

　上記のように、デジタルコンテンツについての契約の特徴は、多くの場合に
一度だけの引渡しもしくは提供だけでは足りず、その機能の確保は継続的な監
査、または、デジタルコンテンツのアップデートが必要である。ハード・ウェ
アと繋がってないコンテンツの取得の場合（例えばアプリまたはクラウド・ストレ
ジの取得）でも、またデジタルコンテンツが物品に含まれている場合（例えば自
動走行車の購入）でも、そうである[50]。そのため、危険移転および責任期間につ
いての新しいルールは非常に重要である。ところが、今回の二つの指令が問題
を処理するための方法について評価したら、これはアンビバレントな評価にな
る。このルールは複雑かつ不備で、また改善の余地もあると言える。

　次にはそのため、デジタルコンテンツの機能の全部またはその一部が時間が
経った後に落ちる場合の新しい法規定の内容をもう少し詳しく検討する。

b）決定的な時点

　デジタルコンテンツを含む物品についての売買契約を取り上げたら、後に発
生する瑕疵の責任をわかりやすく説明できる。

　物品売買指令は原則として従来通りに物品が危険移転のときに（つまり、普
通には消費者への引渡しのときに）瑕疵があったかどうかに、それが責任が発生
する基準とされている（以上Ⅲ. 2.）。このときに、瑕疵が存在していなかった

　50）　更に、ここに詳細に検討することができないその他の法的問題もある。例えば、売
　　　主は自分だけが対応できなくて、別な事業者と協力体制を必要とする場合に、その
　　　協力の事業者は履行補助者となっている。Pfeiffer (Fn. 37) 223, 231 頁。

ら、売主は責任を負わない。また、遅くとも危険移転のときから2年間が経過したらその責任も終了する（BGB 438条1項3号）。

しかし、以上に説明した通り、デジタルコンテンツを含む物品の場合にはこのような責任では必ずしも足りないことは明らかである。デジタルコンテンツの要素は最初に契約に適合していた場合でも、この要素の機能を維持するために、この要素を永続的にチェックして事情変更に調整する必要があるからである。

それにしても、新しい法規制には売主の責任の時間的な制限に関して、狭い例外しかないわけである。最初の例外は、以上に言及したアップデートの義務に関するものである。アップデートが必要な場合、長い期間に亘ってそのアップデートを正確に提供せざるを得ない。この期間は契約において定めることができるが、その定めがなければ、この期間は代わりに消費者が「契約の種類および事情、また物品もしくはデジタル要素の具体的な種類および目的を考慮して合理的に期待できる」期間になる（BGB 475b条4項、2号）。現在では、具体的にどの期間を定めるべきかということについて、活発的な議論が行われている。自動車、自転車、電話、洗濯機等の様々な種類の物品について異なる期間が提案されている[51]。物品売買指令自体はもう少し具体的に期間を定める基準を示せば良かったと言える。もし長い期間を定めていたらサステイナビリティを促進することが可能になったであろう。サステイナビリティは重要である。

---

51) 欧州連合の計画については Tonner, Mehr Nachhaltigkeit im Verbraucherrecht – die Vorschläge der EU-Kommission zur Umsetzung des Aktionsplans für die Kreislaufwirtschaft, VuR 2022, 323 頁を参照のこと。比較的な観点より Atamer, Eine rechtsvergleichende Übersicht zu den Regulierungsmöglichkeiten, Zeitschrift für Schweizerisches Recht（ZSR）2002, 285 頁。オランダで使用されているリストもよく参考として供されている（https://www.technieknederland. nl/onze-leden/waarstaan-onze-leden-voor/gebruiksduurverwachting）。欧州連合の戦略については Grochowski, European Consumer Law after the New Deal: A Tryptich, Yearbook of European Law 第39巻（2020 年）387 頁および Specht-Riemenschneider/Mehnert, Updates und das „Recht auf Reparatur", Zeitschrift für Digitalisierung und Recht（ZfDR）2022, 313, 326 頁以下を参照。

なぜなら、物品を長く使用できれば、それが環境に良いと言えるからである。

　また、新しいルールは大抵の場合、危険移転のときにすでに瑕疵が存在しなかったら責任が発生しないという伝統的な原理を墨守するということも、非常に残念である。デジタル要素には、2年間が経過して機能を失う場合に、アップデート義務に違反したかどうか（その場合には売主が責任を負う）、あるいは、瑕疵がその他の理由に基づく場合、との区別をするのは本当に必要であるか。後者の場合、物品は最初に契約不適合であった場合に限って売主が責任を負う。言い換えれば、物品の耐久性は危険移転のときに瑕疵があったことが必要である。つまり、責任は物品の設計で物品が故意に最初から不備になるところが備えてある、いわゆる陳腐化の場合でも2年間を超えない[52]。

　アップデートの義務以外にもさらにもう一つの事例類型において引渡しの時点は関係せず、売主はより長い期間に亘って物品の契約不適合のため責任を負う。「永続的な提供」が合意された場合に売主は全部の提供期間に責任を負う[53]（BGB 475c 条、もしくは物品売買指令 10 条 2 項）。

　「継続的な提供」はどういう意味なのかを考える前に、遅い時点に現れる瑕疵の場合の責任のその他の重要な要件に目を向けよう。

c）証明責任の転換

　デジタルコンテンツを含む物品を購入した消費者の保護を高めるために、大まかな証明責任の転換ということがもう一つの手段である。

　この法手段では、EU 消費者契約法は消費者側に立っていることがハッキリと見える。ドイツ法学にとってこの手段に合わせることは難しかった。1999年の消費者売買指令もすでに瑕疵の場合の証明責任の転換を採用した。物品の

---

52)　サステイナビリティについては Croon-Gestefeld, Die nachhaltige Beschaffenheit der Kaufsache, NJW 2022, 497 頁、Meller-Hannich（Fn. 27）493, 494 頁、Wilke（Fn. 47）283, 284 頁、Specht-Riemenschneider/Mehnert（Fn. 51）313, 326 頁を参照のこと。

53)　詳細は Faust, BeckOK BGB（65 版、2023 年），§ 475c BGB（Rn. 2 以下）を参照。

危険移転から6ヶ月以内に物品に瑕疵が現れたときに、その瑕疵はすでに危険移転の時点に存在していたと推定されていた。ドイツの連邦通常裁判所は長い間にこのコンセプトに抵抗したと言える。同裁判所は、消費者は「基本の瑕疵（Grundmangel）」が存在することを証明した場合に限って、その規定が適用されるという立場をとっていた。結局、この判例では、消費者がやはり購入物品の契約不適合で、その不適合は不適切な使用等のその他の理由が無いことを自分で証明せざるを得なかった[54]。そのような解釈によって証明責任の転換規定は消費者に特に有益でなかった。最終的に、オランダの裁判所は欧州司法裁判所に証明責任の転換はどう理解すべきかという質問を提示してその意味の確認を得た。「ファーバー（Faber）」判決において、欧州司法裁判所は、消費者が物品が契約に適合しないことを証明したら、その証明は十分であることを明確にした。契約の不適合の理由や原因についての証明は必要ない[55]。現在のBGB 477条1項は明確な文言になってきた[56]。また、物品売買指令の内容通りに証明責任の転換の適用期間は1年間までに延長された（BGB 477条1項第1文）。

　それよりもさらに進んでいるのは継続的に提供された物品のデジタル要素に関する法規定である。継続的な提供の場合のBGB 477条2項は、証明責任の転換は全部の提供期間に適用されるとしている。

　BGB 327k条1項および2項にはデジタルコンテンツの契約に関して同じような並行規定がある。それによると、デジタルコンテンツに関しても証明責任の転換は1年間以内に適用されるし、継続的に提供されたデジタルコンテンツの場合やその提供された期間内に瑕疵が現れるときに、そのコンテンツはそこ

---

54)　BGHZ 159, 215頁；BGH NJW 2005, 3490頁；BGH NJW 2006, 434頁；BGHZ 200, 1頁（Rn. 21）を参照。また、詳細の説明はMuthorst, Beweislastumkehr beim Verbrauchsgüterkauf – Die Grundmangel-Fälle zwischen EuGH und Bundesgerichtshof, GPR 2017, 222頁を参照。

55)　EuGH, 2015年6月4日判決 – Rs. C-497/13（Faber）。

56)　連邦通常裁判所の判例はそれより前に変更があった。BGH NJW 2017, 1093を参照のこと。

までの提供期間に瑕疵があったと推定される。

「継続的な提供」は証明責任の転換に関してもさらに責任についてのキー・ファンクションであり、買主の請求権の消滅時効になる時点を定める。

d）責任期間、もしくは消滅時効

物品売買指令による普通の責任期間、もしくは消滅時効の期限は危険移転から2年間となっている[57]。消費物品売買指令は同じだったし、ドイツの債務法現代化の改正より、この期間はすべての売買契約に適用される。指令の適用範囲外の不動産等の特別な物品の場合、それより長い消滅時効の期間が規定されている（BGB 438条）。

デジタルコンテンツを含む物品の場合には、継続的な提供は合意されたかどうかにより消滅時効の期間は異なる。このような提供が合意された場合に、消費者の請求権は提供期間の終了から12ヶ月の経過の前に時効消滅とはならない（BGB 475e条1項）。アップデートの義務違反にはアップデート義務期間の終了から12ヶ月となっている（BGB 475e条2項）。デジタルコンテンツについての契約の場合には並行の法規定がある。BGB 327j条2項により、提供期間の終了から12ヶ月の経過の前に消滅時効とはならない。

従って、消滅時効の期間はかなり長くなる可能性がある。また、証明責任の転換のため、消費者は瑕疵担保責任の権利を実際に行使できる見込みも良い。

e）継続的な提供とは何か

継続的な提供が合意されたかどうかは、危険移転、消滅時効および証明責任の展開に大きな影響がある。だから、継続的な提供はいつ認められるかを知らなければならない。良い結果を上げるには先ず惜しみなく継続的な提供の「合

57）　当該指令には責任期間（Haftungsdauer）と消滅時効（Verjährung）とが区別される。ドイツ法はこのような区別を知らない。指令の国内法に際して、ドイツの立法者は伝統的な消滅時効の制度の使用に固執して、消滅期間をところどころにおいて延長したのである（BGB 475e条3項を参照）。

意」を認めるべきである。契約適合性についての合意と違って（以上 V. 2. b)）この合意はやはり黙示的にされたら足りると一般的に考えられている。

それでも、このような合意はどの場合に成立するかという問題はある。デジタルコンテンツはその機能を果たすために継続的かつ定期的にアップデートすべきである場合が多い。カーナビ、スマートウォッチ および携帯電話等の機具、また自動走行車の場合でも、当然にソフトウェアの定期的なアップデートをして機能を維持せざるを得ない。これらの場合のデジタルコンテンツはすべて継続的に提供されると考えることができるが、この考え方に対しては一つの倒すことができない論拠がある。普通の売買契約の場合には、売主の給付義務の重点は物品の引渡しおよび所有権の移転、もしくはデジタルコンテンツの提供であるが、その場合でも指令はアップデートの義務を規定している。しかし、そのようなアップデート義務があるからと言って継続的な提供があるとはまだ言えない。むしろ、それ以外に継続的契約の要素の存在が必要である。

特に次の事情がある場合に継続的な提供の合意があると言える。消費者は給付を得るために一回だけではなく定期的に対価を支払い、普通のアップデートを超えるデジタルコンテンツの更なる調整および発達が予定されているという場合である。そうすると、契約はその点に関して「賃貸借のような」要素を含むべきであると言える[58]。

f) 契約の原状回復

契約締結の時点から経過した時間が長ければ長いほど契約の原状回復は難しくなる。ここにはもう一度、一回的な提供および継続的な提供の区別で重要な一点を取り上げたい。それは消費者が契約の不適合の理由で契約を解除（または解約）した場合のデジタルコンテンツの使用のために支払うべき補償に関する点である。

もう一つの例を使い、この関係を説明したい。消費者がデジタル制御システ

---

58) Faust, BeckOK BGB（65 版、2023 年），§ 475c BGB（Rn. 2 以下）および Pfeifer（Fn. 37）223, 229 頁を参照のこと。

ムが備え付けられた住宅を購入することを想像することができる。その場合、購入が済んでから3年間経過後に制御システムの安全アップデートがないからドアや窓を開くことはできなくなる。つまり、そのアップデートがないため制御システムはドアや窓を継続的に閉鎖している。売主はこの瑕疵を除去することができないため消費者は不動産の購入契約を解除する。

この場合には、先ず、物品売買の法ではなくてデジタルコンテンツについてのBGB 327b条以下の規定が適用される。なぜなら、この場合の売買の目的物は不動産なので、物品売買法の物品ではないからである。だから、デジタルコンテンツの契約不適合は直ちに住宅購入の解除が許されるかは明らかではない（以上V. 1. a)）。つまり、住宅購入の解除は、デジタルコンテンツの不備のため住宅の普通の使用ができなくなったからであり、その場合にだけに可能である（BGB 327m条5項）。しかし、以上の事例は明らかにそれに該当する。窓やドアが開けられない住宅は住むという普通の用途に適さないので、解除が認められる。買主は使用不可能の住宅を返却できないことはあり得ないから、この結果は全体として適切に見える。

以上の事例においては、瑕疵担保責任による権利は消滅時効のためここに解除はできなかったわけでもない。アップデートの義務の違反があったので、消滅時効はBGB 327j条3項によって最低2年間のアップデート期間の満了から1年間の経過でその効力を生ずる。この事例には、デジタル制御システムは住宅の使用のためにあるし、消費者は2年間以上の住宅使用の可能性を合理的に期待できたので、アップデート期間が2年間よりもっと長いと判断すべきである[59]。この事例のアプテート期間は少なくとも5年間にすることが相当である。5年間は不動産売買の消滅時効期間と同じである（BGB 438条1項2号）。

この解除の場合に、消費者は全代金の返還を請求できるかについて検討しなければならない。なぜなら、消費者はその住宅を2年間以上問題なく使用していたからである。

---

59) BGB 327f条1項2号により、「消費者はデジタル商品の種類及び目的、そして契約の種類及び事情を考慮して、それにより期待できる期間」が適用される。

第3章　デジタルコンテンツに関する消費者契約に対する……　*109*

　この点に関しては住宅とデジタルコンテンツを区別せざるを得ない。デジタルコンテンツに関しては、継続的なデジタルコンテンツの提供があったかどうかということが重要である。BGB 327o 条 1 項第 1 文および BGB 327o 条 3 項によって、デジタルコンテンツが継続的に提供された場合に限って、消費者は補償の支払いをすべきである。この場合に、継続的な提供はさらに重要な意味がある。しかし、ここで継続的な提供を認めれば、消費者はデジタルコンテンツに瑕疵がなかった期間に対して支払いをしなければならず、消費者にとって不利になる。

　しかし、以上の例はアップデートの義務に関するものである。また、「真の」継続的な提供は合意されなかったのである（以上の基準では賃貸借の要素が必要である）。だから、消費者は家のデジタル制御システムに対する全代金を返還請求できるが、家自体の使用を理由としてその使用だけに相当する金額の控除を認めるべきである。住宅に関しては解除の一般的な法規定が適用されるからである。その法規定により、買主は売買の目的物の使用によって得た利益を返還せざるを得ない（BGB 346 条 1 項、2 項第 1 文 1 号）[60]。

　住宅を除いてデジタルコンテンツだけを考えてみたら、消費者は非常に有利に扱われている。数年間のデジタル制御システムを無償で使用することができることはむしろ理解しにくいことである。だから、ドイツではこのような不公平な結果を変更することはいかにして可能であるか、消費者は費用を支払う義務を正当化できるかについて、様々な絶望的な学説が見られる。しかも、その内の一つの学説においても説得力がない。特に BGB 327o 条 3 項の類推適用の案を考えると、そもそも予定外の法律の抜け穴という要件が満たされていない[61]。それに、BGB 812 条 1 項第 2 文（可能性 1）による利得の返還請求権[62]も、BGB 327o 条は原状回復の特則（BGB 346 条以下、355 条以下と同様）なので不可能である[63]。

　継続的な提供が合意された場合のみ、その結果の変更をもしかしたら想像で

　60）　例えば Looschelders, Schuldrecht Allgemeiner Teil（第 20 版, 2022）§ 40（Rn. 27 以下）を参照のこと。

きるかもしれない。なぜなら、BGB 327o 条 3 項（デジタルコンテンツ指令 16 条に即応して）は、継続的な提供の場合に、デジタルコンテンツは「契約適合の状態」の期間に対してのみ対価の支払義務がある、と規定しているからである。しかし、BGB 327k 条 2 項によって、提供期間内に瑕疵が現れたら、その瑕疵は全提供期間にすでにあったと推定されるとしているので、本当はそのような期間の存在はあり得ない。この法律上の推定を除いても、デジタルコンテンツの契約不適合はなんとか最初から付いていたということを多くの場合に判断できるだろう。だから、消費者はある期間に亘って契約の目的物を問題なく完全に使用することができたかどうかを判断基準にするという提案もある[64]。これは消費者の合理的な期待に適合し妥当な解決策のように見える。しかしこの提案も法律の文言に合うかという点では疑問に思われる。

　法解釈の方法で様々な小さな制約を得られるかもしれないが、EU 法は契約の原状回復に関して非常に一方的で消費者に有利になっていると認めるべきである。

VI. 結　　論

　全体で見れば、デジタルコンテンツが契約の目的物である場合に、様々な特別な問題点が生じうるので、ドイツの民法に特別なルールを採用することは適切であるように思われる。

　これは先ず典型的な動産または不動産がデジタルコンテンツの要素に繋がっ

---

61)　同様な考え方を示すのは Fries, BeckOGK, 2022 年 4 月 1 日，§ 327o（Rn. 6）および Rieländer（Fn. 28）28, 34 頁。不定な考え方は Kramme, Recht Digital（RDi）2021, 20, 25 頁。

62)　この請求権を肯定するのは Rieländer（Fn. 28）28, 35 頁。

63)　Von Sachsen Gessaphe, NomosKommentar zum BGB（第 4 版, 2021），§ 812（Rn. 39）。

64)　Twigg-Flessner, Schulze/Staudenmeyer, EU Digital Law（2020 年），デジタルコンテンツ指令 16 条（Rn. 17）。

ている場合にそうである。この場合に、デジタルコンテンツの瑕疵はどのようなときに物に及ぶかを定めなければならない。この講演で触れていないそれ以外のいくつかのルール（例えば、消費者はより簡単に契約を解除することができることに関するルール）も適切であると思われる[65]。なぜなら、デジタル技術は消費者があまり判断できないし、支配できないので、特別な信頼が前提として必要だからである。デジタルコンテンツの規制は、消費者が金銭で対価を支払う場合でもそれ以外にデータ・情報の提供で対価を「支払う」場合でも、デジタルコンテンツ指令が適用されることが適切である。

　しかし、新しいルールは一つの重要な点に関して明らかに不十分である。欧州連合の国々では、現在、商品の関係でも、環境保護やサステイナビリティについてよく議論されているのに、今回の新しい EU の法規制においてもその観点をもっと明確に入れるべきだったと思われる。特にハード・ウェアに関しては、もっと明確に長いアップデート期間および長い耐久保証期間を備えるべきであった。

　ヨーロッパでは現在この問題に特に対応する次の EU 指令の制定が待たれていると言える。

---

65)　債務の不履行の場合（以上 Fn. 16 を参照）だけではなくて、瑕疵（不適合）の場合でもそうである。なぜなら、事業者は BGB 475 条 d1 項 2 号により 1 回のみの追完履行の可能性を有しているが、それに対して BGB 440 条の一般的な売買のルールでは売主は 2 回追完履行を試みても失敗した場合に初めて解除権が発生するのである。詳細は Lorenz（Fn. 36）2065, 2071 頁を参照。

ベッティナ・ハイダーホフ教授

研究業績一覧

［刊行物］

Das Betreuungsrecht nach der Reform（Teil 1）

Heiderhoff, Bettina（2024）

In: JURA Juristische Ausbildung, 46（1）

Art der Publikation: Forschungsartikel（Zeitschrift）

Das Betreuungsrecht nach der Reform（Teil 2）

Heiderhoff, Bettina（2024）

In: JURA Juristische Ausbildung, 46（2）

Art der Publikation: Forschungsartikel（Zeitschrift）

Haager Übereinkommen über die zivilrechtlichen Aspekte internationaler Kindesentführung（HKÜ）

Heiderhoff, Bettina（2024）

In: Säcker, Franz Jürgen; Rixecker, Roland; Oetker, Hartmut; Limperg, Bettina（Hrsg.）, Münchener Kommentar zum Bürgerlichen Gesetzbuch. Band 12: Internationales Privatrecht I, Europäisches Kollisionsrecht, Einführungsgesetz zum Bürgerlichen Gesetzbuche（Art. 1–26）. München: C. H. Beck.

Art der Publikation: Gesetzeskommentar（Buchbeitrag）

Europäisches Übereinkommen über die Anerkennung und Vollstreckung von Entscheidungen über das Sorgerecht für Kinder und die Wiederherstellung des Sorgeverhältnisses（EuSorgeRÜ）

Heiderhoff, Bettina（2024）

In: Säcker, Franz Jürgen; Rixecker, Roland; Oetker, Hartmut; Limperg, Bettina（Hrsg.）, Münchener Kommentar zum Bürgerlichen Gesetzbuch. Band 12: Internationales Privatrecht I, Europäisches Kollisionsrecht, Einführungsgesetz zum Bürgerlichen Gesetzbuche（Art. 1–26）. München: C. H. Beck.

Art der Publikation: Gesetzeskommentar（Buchbeitrag）

Verordnung（EU）2019/1111 des Rates vom 25. Juni 2019 über die Zuständigkeit, die Anerkennung und Vollstreckung von Entscheidungen in Ehesachen und in Verfahren betreffend die elterliche Verantwortuhg und über internationale Kindesentführungen（Neufassung）（Brüssel II b-VO）

Heiderhoff, Bettina（2024）

In: Säcker, Franz Jürgen; Rixecker, Roland; Oetker,Hartmut; Limperg, Bettina（Hrsg.）, Münchener Kommentar zum Bürgerlichen Gesetzbuch. Band 12:

Internationales Privatrecht I, Europäisches Kollisionsrecht, Einführungsgesetz zum
Bürgerlichen Gesetzbuche (Art. 1–26). München: C. H. Beck.
Art der Publikation: Gesetzeskommentar (Buchbeitrag)

**Das Sorgerechtsverfahren nach der EuEheVO 2019 - Beschwörungen, Kompromisse
und Hoffnungen**
Heiderhoff, Bettina (2023)
In: IPRax : Praxis des internationalen Privat- und Verfahrensrechts, 43(4)
Art der Publikation: Forschungsartikel (Zeitschrift)

Anliegen des Abstammungsrechts aus einer rechtsvergleichenden Perspektive
Heiderhoff, Bettina (2023)
In: Büchler, Andrea; Fankhauser, Roland (Hrsg.), Zehnte Schweizer
Familienrecht § Tage : 9./10. September 2022 in Zürich. Bern: Stämpfli AG.
Art der Publikation: Forschungsartikel in Sammelband (Konferenz)

**Rom III-VO : Verordnung (EU) Nr. 1259/2010 des Rates vom 20. Dezember 2010 zur
Durchführung einer verstärkten Zusammenarbeit im Bereich des auf die Ehescheidung
und Trennung ohne Auflösung des Ehebandes anzuwendeden Rechts**
Heiderhoff, Bettina (2023)
In: Hau, Wolfgang; Poseck, Roman; Bamberger, Heinz Georg; Roth,
Herbert (Hrsg.), Bürgerliches Gesetzbuch : Kommentar. Band 5: §§ 1922–2385,
CISG, IPR, EGBGB. München: C. H. Beck.
Art der Publikation: Gesetzeskommentar (Buchbeitrag)

Art. 17-17b EGBGB
Heiderhoff, Bettina (2023)
In: Hau, Wolfgang; Poseck, Roman; Bamberger, Heinz Georg; Roth,
Herbert (Hrsg.), Bürgerliches Gesetzbuch : Kommentar. Band 5: §§ 1922–2385,
CISG, IPR, EGBGB. München: C. H. Beck.
Art der Publikation: Gesetzeskommentar (Buchbeitrag)

HUP : Protokoll über das auf Unterhaltspflichten anzuwendende Recht
Heiderhoff, Bettina (2023)
In: Hau, Wolfgang; Poseck, Roman; Bamberger, Heinz Georg; Roth,
Herbert (Hrsg.), Bürgerliches Gesetzbuch : Kommentar. Band 5: §§ 1922–2385,
CISG, IPR, EGBGB. München: C. H. Beck.
Art der Publikation: Gesetzeskommentar (Buchbeitrag)

EuUnthVO : Verordnung (EG) Nr. 4/2009 des Rates vom 18. Dezember 2008 über die Zuständigkeit, das anwendbare Recht, die Anerkennung und Vollstreckung von Entscheidungen und die Entscheidungen und die Zusammenarbeit in Unterhaltssachen

Heiderhoff, Bettina (2023)

In: Hau, Wolfgang; Poseck, Roman; Bamberger, Heinz Georg; Roth, Herbert (Hrsg.), Bürgerliches Gesetzbuch : Kommentar. Band 5: §§ 1922–2385, CISG, IPR, EGBGB. München: C. H. Beck.

Art der Publikation: Gesetzeskommentar (Buchbeitrag)

Art. 18-24 EGBGB

Heiderhoff, Bettina (2023)

In: Hau, Wolfgang; Poseck, Roman; Bamberger, Heinz Georg; Roth, Herbert (Hrsg.), Bürgerliches Gesetzbuch : Kommentar. Band 5: §§ 1922–2385, CISG, IPR, EGBGB. München: C. H. Beck.

Art der Publikation: Gesetzeskommentar (Buchbeitrag)

Art. 46e EGBGB

Heiderhoff, Bettina (2023)

In: Hau, Wolfgang; Poseck, Roman; Bamberger, Heinz Georg; Roth, Herbert (Hrsg.), Bürgerliches Gesetzbuch : Kommentar. Band 5: §§ 1922–2385, CISG, IPR, EGBGB. München: C. H. Beck.

Art der Publikation: Gesetzeskommentar (Buchbeitrag)

Artikel 6 Rom I-VO : Verbraucherverträge

Heiderhoff, Bettina (2023)

In: Rauscher, Thomas (Hrsg.), Europäisches Zivilprozess- und Kollisionsrecht EuZPR/EuIPR : Kommentar. Band 3: Rom I-VO, Rom II-VO. Köln : Otto Schmidt.

Art der Publikation: Gesetzeskommentar (Buchbeitrag)

Europäisches Privatrecht

Heiderhoff, Bettina (2023)

Heidelberg: C. F. Müller Juristischer Verlag.

Art der Publikation: Fachbuch (Monographie)

Vorsorge und Verantwortung im Internationalen Familienrecht

Budzikiewicz, Christine; Heiderhoff, Bettina; Klinkhammer, Frank; Niethammer-Jürgens, Kerstin (Hrsg.) (2023)

Baden-Baden: Nomos.

Art der Publikation: Konferenzband

Geschlecht im Familienrecht – eine überholte Kategorie?
Röthel, Anne; Heiderhoff, Bettina (Hrsg.) (2023)
Frankfurt am Main: Wolfgang Metzner Verlag.
Art der Publikation: Konferenzband

Die Rechtsprechung des EuGH zu den Folgen der Nichtigkeit von AGB im Licht der nationalen Rechtsdogmatik
Heiderhoff, Bettina (2023)
In: WM Zeitschrift für Wirtschafts- und Bankrecht, 77(43)
Art der Publikation: Forschungsartikel (Zeitschrift)

Studie zu einigen Unterschieden im Abstammungsrecht der EU-Mitgliedstaaten
Heiderhoff, Bettina (2023)
In: Budzikiewicz, Christine; Heiderhoff, Bettina; Klinkhammer, Frank; Niethammer-Jürgens, Kerstin (Hrsg.), Vorsorge und Verantwortung im Internationalen Familienrecht. Baden-Baden: Nomos.
Art der Publikation: Forschungsartikel in Sammelband (Konferenz)

Geschlecht im Familienrecht – eine Einführung
Heiderhoff, Bettina (2023)
In: Röthel, Anne; Heiderhoff, Bettina (Hrsg.), Geschlecht im Familienrecht – eine überholte Kategorie?. Frankfurt am Main: Wolfgang Metzner Verlag.
Art der Publikation: Forschungsartikel in Sammelband (Konferenz)

Das fehlende Verbindungsglied zwischen Ausländerrecht und Familienrecht - eine Gefahr für das Kindeswohl
Heiderhoff, Bettina (2023)
In: Garber, Thomas (Hrsg.), Matthias Neumayr : Festschrift. Band 2. Wien : Manz.
Art der Publikation: Forschungsartikel (Buchbeitrag)

Internationale Zuständigkeit bei Erbringung einer Dienstleistung in verschiedenen Mitgliedstaaten (zu OLG München, 26.2.2020 - 15 U 4202/19, unten S. 369, Nr. 21)
Heiderhoff, Bettina; Yalcin, Elanur (2022)
In: IPRax : Praxis des internationalen Privat- und Verfahrensrechts, 42(4)
Art der Publikation: Forschungsartikel (Zeitschrift)

Zwangsvollstreckungsrecht

Heiderhoff, Bettina; Skamel, Frank (2022)

Heidelberg: C. F. Müller Juristischer Verlag.

Art der Publikation: Lehrbuch (Monographie)

Autonomie in der Familie - eine Schwärmerei?

Röthel, Anne; Heiderhoff, Bettina (Hrsg.) (2022)

Frankfurt am Main: Wolfgang Metzner Verlag.

Art der Publikation: Konferenzband

Autonomie als Privatheit - Scheidung und Scheidungsfolgenrecht

Heiderhoff, Bettina (2022)

In: Röthel, Anne; Heiderhoff, Bettina (Hrsg.), Autonomie in der Familie - eine Schwärmerei?. Frankfurt am Main: Wolfgang Metzner Verlag.

Art der Publikation: Forschungsartikel in Sammelband (Konferenz)

Abschnitt 9, Verfahren mit Auslandsbezug [Kommentierung zu §§ 97-110 FamFG]

Heiderhoff, Bettina (2022)

In: Dutta, Anatol; Jacoby, Florian; Schwab, Dieter (Hrsg.), FamFG : Kommentar zum Gesetz über das Verfahren in Familiensachen und in den Angelegenheiten der freiwilligen Gerichtsbarkeit. Bielefeld: Gieseking Verlag.

Art der Publikation: Gesetzeskommentar (Buchbeitrag)

Internationales Güterrechtsverfahrensgesetz (IntGüRVG)

Heiderhoff, Bettina (2022)

In: Dutta, Anatol; Jacoby, Florian; Schwab, Dieter (Hrsg.), FamFG : Kommentar zum Gesetz über das Verfahren in Familiensachen und in den Angelegenheiten der freiwilligen Gerichtsbarkeit. Bielefeld: Gieseking Verlag.

Art der Publikation: Gesetzeskommentar (Buchbeitrag)

Gesetz zur Aus- und Durchführung bestimmter Rechtsinstrumente auf dem Gebiet des internationalen Familienrechts (Internationales Familienrechtsverfahrensgesetz - IntFamRVG)

Heiderhoff, Bettina (2022)

In: Dutta, Anatol; Jacoby, Florian; Schwab, Dieter (Hrsg.), FamFG : Kommentar zum Gesetz über das Verfahren in Familiensachen und in den Angelegenheiten der freiwilligen Gerichtsbarkeit. Bielefeld: Gieseking Verlag.

Art der Publikation: Gesetzeskommentar (Buchbeitrag)

§§ 327 ff. BGB in der Fallbearbeitung (Teil 1)

Heiderhoff, Bettina; Rüsing, Christian (2022)

In: JURA Juristische Ausbildung, 44(11)

Art der Publikation: Forschungsartikel (Zeitschrift)

§§ 327 ff. BGB in der Fallbearbeitung (Teil 2)

Heiderhoff, Bettina; Rüsing, Christian; Yalcin, Elanur (2022)

In: JURA Juristische Ausbildung, 44(12)

Art der Publikation: Forschungsartikel (Zeitschrift)

Prozessrecht, Zwangsvollstreckungsrecht, Insolvenzrecht : Festschrift für Ekkehard Becker-Eberhard

Berger, Christian; Boemke, Burkhard; Gaul, Hans Friedhelm; Haertlein, Lutz; Heiderhoff, Bettina; Schilken, Eberhard (Hrsg.) (2022)

München: C. H. Beck.

Art der Publikation: Festschrift

Die Rechtslagenanerkennung im internationalen Familienrecht

Heiderhoff, Bettina (2022)

In: Berger, Christian; Boemke, Burkhard; Gaul, Hans Friedhelm, Haertlein, Lutz; Heiderhoff, Bettina; Schilken, Eberhard (Hrsg.), Prozessrecht, Zwangsvollstreckungsrecht, Insolvenzrecht : Festschrift für Ekkehard Becker-Eberhard. München: C. H. Beck.

Art der Publikation: Forschungsartikel (Buchbeitrag)

Dialog Internationales Familienrecht

Budzikiewicz, Christine; Heiderhoff, Bettina (2022)

In: IPRax : Praxis des internationalen Privat- und Verfahrensrechts, 42(5)

Art der Publikation: Konferenzbericht (Zeitschrift)

Die engere Verbindung der Ehe nach Art. 5 HUP (zu AG Flensburg, 22.6.2021 - 94 F 1/21)

Beißel, Katharina; Heiderhoff, Bettina (2022)

In: IPRax : Praxis des internationalen Privat- und Verfahrensrechts, 42(3)

Art der Publikation: Forschungsartikel (Zeitschrift)

Geflüchtete und HKÜ (zu EuGH, 2.8.2021 - Rs. C-262/21)

Heiderhoff, Bettina (2022)

In: IPRax : Praxis des internationalen Privat- und Verfahrensrechts, 42(6)
Art der Publikation: Forschungsartikel (Zeitschrift)

**Art. 6 GG : Ehe und Familie, Elternrecht, Mutterschutz, uneheliche Kinder :
[Kommentierung]**
Heiderhoff Bettina (2021)
In: Münch Ingo von, Kunich Philip, Kämmerer Jörn Axel (Hrsg.), Grundgesetz
Kommentar. - Band 1: Präambel bis Art. 69. München: C. H. Beck.
Art der Publikation: Forschungsartikel (Buchbeitrag)

Deliktsrecht (Produkthaftung, Produktsicherheit)
Heiderhoff, Bettina (2021)
In: Gebauer, Martin; Wiedmann, Thomas (Hrsg.), Europäisches Zivilrecht.
München: C. H. Beck.
Art der Publikation: Gesetzeskommentar (Buchbeitrag)

Sekundärinsolvenzverfahren (Art. 27 - Art. 38)
Heiderhoff, Bettina (2021)
In: Geimer, Reinhold; Schütze, Rolf A. (Hrsg.), Internationaler Rechtsverkehr in Zivil-
und Handelssachen : Loseblatt-Handbuch mit Texten, Kommentierungen und
Länderberichten. München: C. H. Beck.
Art der Publikation: Gesetzeskommentar (Buchbeitrag)

Unterrichtung der Gläubiger und Anmeldung ihrer Forderungen (Art. 39 - Art. 42)
Heiderhoff, Bettina (2021)
In: Geimer, Reinhold; Schütze, Rolf A. (Hrsg.), Internationaler Rechtsverkehr in Zivil-
und Handelssachen : Loseblatt-Handbuch mit Texten, Kommentierungen und
Länderberichten. München: C. H. Beck.
Art der Publikation: Gesetzeskommentar (Buchbeitrag)

Übergangs- und Schlussbestimmungen (Art. 43 - Art. 47)
Heiderhoff, Bettina (2021)
In: Geimer, Reinhold; Schütze, Rolf A. (Hrsg.), Internationaler Rechtsverkehr in Zivil-
und Handelssachen : Loseblatt-Handbuch mit Texten, Kommentierungen und
Länderberichten. München: C. H. Beck.
Art der Publikation: Gesetzeskommentar (Buchbeitrag)

Internationales Familienrecht und Integration
Heiderhoff, Bettina (2021)
In: Buchholtz, Gabriele; Croon-Gestefeld, Johanna; Kerkemeyer,
Andreas (Hrsg.), Integratives Recht. Tübingen: Mohr Siebeck Verlag.
Art der Publikation: Forschungsartikel in Sammelband (Konferenz)

Producer's liability for autonomous systems and AI in EU private international law
Heiderhoff, Bettina (2021)
In: Heiderhoff, Bettina; Queirolo, Ilaria (Hrsg.), New approaches in private
(international) law. Napoli: Editoriale scientifica.
Art der Publikation: Forschungsartikel (Buchbeitrag)

New approaches in private (international) law
Heiderhoff, Bettina; Queirolo, Ilaria (Hrsg.) (2021)
Napoli: Editoriale scientifica.
Art der Publikation: Fachbuch (Herausgegebenes Buch)

Neue Impulse im europäischen Familienkollisionsrecht
Budzikiewicz, Christine; Heiderhoff, Bettina; Klinkhammer, Frank; Niethammer-
Jürgens, Kerstin (Hrsg.) (2021)
Baden-Baden: Nomos.
Art der Publikation: Konferenzband

**Anmerkung [zu: BGH, Beschluss v. 26. 8. 2020 – XII ZB 158/18 (OLG München),
(Kollisionsrechtliche Behandlung einer einseitigen Privatscheidung zweier
Doppelstaater nach syrischem Recht)]**
Heiderhoff, Bettina (2021)
In: Juristenzeitung, 76(5)
Art der Publikation: Forschungsartikel (Zeitschrift)

**Internationale Produkthaftung 4.0 : Welche Wertungen sollten das Kollisionsrecht für
autonome Systeme prägen?**
Heiderhoff, Bettina (2021)
In: IPRax : Praxis des internationalen Privat- und Verfahrensrechts, 41(5)
Art der Publikation: Forschungsartikel in Zeitschrift (Konferenz)

Haager Übereinkommen über die zivilrechtlichen Aspekte internationaler

Kindesentführung（HKÜ）

Heiderhoff, Bettina（2020）

In: Säcker, Franz Jürgen; Rixecker, Roland; Oetker, Hartmut; Limperg, Bettina（Hrsg.）, Münchener Kommentar zum Bürgerlichen Gesetzbuch. Band 12: Internationales Privatrecht I, Europäisches Kollisionsrecht, Einführungsgesetz zum Bürgerlichen Gesetzbuche（Art. 1–26）. München: C. H. Beck.

Art der Publikation: Gesetzeskommentar（Buchbeitrag）

Europäisches Übereinkommen über die Anerkennung und Vollstreckung von Entscheidungen über das Sorgerecht für Kinder und die Wiederherstellung des Sorgeverhältnisses（EuSorgeRÜ）

Heiderhoff, Bettina（2020）

In: Säcker, Franz Jürgen; Rixecker, Roland; Oetker, Hartmut; Limperg, Bettina（Hrsg.）, Münchener Kommentar zum Bürgerlichen Gesetzbuch. Band 12: Internationales Privatrecht I, Europäisches Kollisionsrecht, Einführungsgesetz zum Bürgerlichen Gesetzbuche（Art. 1–26）. München: C. H. Beck.

Art der Publikation: Gesetzeskommentar（Buchbeitrag）

Verordnung（EG）Nr. 2201/2003 des Rates vom 27. November 2003 über die Zuständigkeit und die Anerkennung und Vollstreckung von Entscheidungen in Ehesachen und in Verfahren betreffend die elterliche Verantwortung und zur Aufhebung der Verordnung（EG）Nr.1347/2000（Brüssel II a-VO）

Heiderhoff, Bettina（2020）

In: Säcker, Franz Jürgen; Rixecker, Roland; Oetker,Hartmut; Limperg, Bettina（Hrsg.）, Münchener Kommentar zum Bürgerlichen Gesetzbuch. Band 12: Internationales Privatrecht I, Europäisches Kollisionsrecht, Einführungsgesetz zum Bürgerlichen Gesetzbuche（Art. 1–26）. München: C. H. Beck.

Art der Publikation: Gesetzeskommentar（Buchbeitrag）

［Kommentierung］Art. 49-237 EGBGB（nicht kommentiert）

Heiderhoff Bettina（2020）

In: Bamberger Heinz Georg, Roth Herbert, Hau Wolfgang, Poseck Roman（Hrsg.）, Bürgerliches Gesetzbuch : Kommentar. Band 5: §§ 1922–2385, CISG, IPR, EGBGB. München: C. H. Beck.

Art der Publikation: Forschungsartikel（Buchbeitrag）

[Kommentierung] Art. 46e EGBGB
Heiderhoff Bettina (2020)
In: Bamberger Heinz Georg, Roth Herbert, Hau Wolfgang, Poseck
Roman (Hrsg.), Bürgerliches Gesetzbuch : Kommentar. Band 5: §§ 1922–2385,
CISG, IPR, EGBGB. München: C. H. Beck.
Art der Publikation: Forschungsartikel (Buchbeitrag)

[Kommentierung] Art. 18-24 EGBGB
Heiderhoff Bettina (2020)
In: Bamberger Heinz Georg, Roth Herbert, Hau Wolfgang, Poseck
Roman (Hrsg.), Bürgerliches Gesetzbuch : Kommentar. Band 5: §§ 1922–2385,
CISG, IPR, EGBGB. München: C. H. Beck.
Art der Publikation: Forschungsartikel (Buchbeitrag)

[Kommentierung] EuUnthVO
Heiderhoff Bettina (2020)
In: Bamberger Heinz Georg, Roth Herbert, Hau Wolfgang, Poseck
Roman (Hrsg.), Bürgerliches Gesetzbuch : Kommentar. Band 5: §§ 1922–2385,
CISG, IPR, EGBGB. München: C. H. Beck.
Art der Publikation: Forschungsartikel (Buchbeitrag)

[Kommentierung] HUP
Heiderhoff Bettina (2020)
In: Bamberger Heinz Georg, Roth Herbert, Hau Wolfgang, Poseck
Roman (Hrsg.), Bürgerliches Gesetzbuch : Kommentar. Band 5: §§ 1922–2385,
CISG, IPR, EGBGB. München: C. H. Beck.
Art der Publikation: Forschungsartikel (Buchbeitrag)

[Kommentierung] Art. 17-17b EGBGB
Heiderhoff Bettina (2020)
In: Bamberger Heinz Georg, Roth Herbert, Hau Wolfgang, Poseck
Roman (Hrsg.), Bürgerliches Gesetzbuch : Kommentar. Band 5: §§ 1922–2385,
CISG, IPR, EGBGB. München: C. H. Beck.
Art der Publikation: Forschungsartikel (Buchbeitrag)

[Kommentierung] Rom III-VO
Heiderhoff Bettina (2020)
In: Bamberger Heinz Georg, Roth Herbert, Hau Wolfgang, Poseck

Roman (Hrsg.), Bürgerliches Gesetzbuch : Kommentar. Band 5: §§ 1922–2385,
CISG, IPR, EGBGB. München: C. H. Beck.
Art der Publikation: Forschungsartikel (Buchbeitrag)

Public policy
Heiderhoff Bettina (2020)
In: Corneloup Sabine (Hrsg.), The Rome III regulation. Cheltenham, UK: Edward
Elgar Publishing.
Art der Publikation: Forschungsartikel (Buchbeitrag)

Application of the law of the forum
Heiderhoff Bettina (2020)
In: Corneloup Sabine (Hrsg.), The Rome III regulation. Cheltenham, UK: Edward
Elgar Publishing.
Art der Publikation: Forschungsartikel (Buchbeitrag)

Old and new problems in private law
Heiderhoff Bettina, Queirolo Ilaria (Hrsg.) (2020)
Rom: Aracne editrice.
Art der Publikation: Fachbuch (Herausgegebenes Buch)

Europäisches Privatrecht
Heiderhoff Bettina (2020)
Heidelberg: C. F. Müller Juristischer Verlag.
Art der Publikation: Fachbuch (Monographie)

**Aktuelle Fragen zu Art. GG Artikel 6 GG: Flüchtlingsfamilien, Regenbogenfamilien,
Patchworkfamilien – und das Kindergrundrecht**
Heiderhoff Bettina (2020)
In: Neue Zeitschrift für Familienrecht : NZFam, 7(8)
Art der Publikation: Forschungsartikel (Zeitschrift)

Zur geplanten Reform des deutschen Abstammungsrechts
Heiderhoff Bettina (2020)
In: Forum Familienrecht der Arbeitsgemeinschaft Familienrecht im Deutschen
Anwaltverein : FF, 24(6)
Art der Publikation: Forschungsartikel (Zeitschrift)

Länderbericht Deutschland
Heiderhoff Bettina (2020)
In: Bergmann Alexander, Ferid Murat, Henrich Dieter, Dutta Anatol, Ebert Hans-Georg (Hrsg.), Internationales Ehe- und Kindschaftsrecht mit Staatsangehörigkeitsrecht. Frankfurt am Main: Verlag für Standesamtswesen.
Art der Publikation: Forschungsartikel (Buchbeitrag)

Kommentierung der §§ 1741 - 1772 BGB
Heiderhoff Bettina (2020)
In: Viefhues Wolfram (Hrsg.), Juris PraxisKommentar BGB. - Band 4: Familienrecht. Saarbrücken: juris.
Art der Publikation: Forschungsartikel (Buchbeitrag)

Klassische Haftungsregimes und autonome Systeme – genügt "functional equivalence" oder bedarf es eigenständiger Maßstäbe?
Heiderhoff Bettina, Gramsch Kilian (2020)
In: ZIP : Zeitschrift für Wirtschaftsrecht, 41 (40)
Art der Publikation: Forschungsartikel (Zeitschrift)

Art. 15 EuEheVO, das Kindeswohl und die EuEheVO 2019
Heiderhoff Bettina (2020)
In: IPRax : Praxis des internationalen Privat- und Verfahrensrechts, 40 (6)
Art der Publikation: Forschungsartikel (Zeitschrift)

Die Zuständigkeit nach Art. 12 Abs. 3 EuEheVO und ihre Folgen
Heiderhoff Bettina (2019)
In: IPRax : Praxis des internationalen Privat- und Verfahrensrechts, 39 (3)
Art der Publikation: Forschungsartikel (Zeitschrift)

Human rights in the German family law context
Heiderhoff Bettina (2019)
In: Choudhry Shazia, Herring Jonathan (Hrsg.), The Cambridge companion to comparative family law. Cambridge: Cambridge University Press.
Art der Publikation: Forschungsartikel (Buchbeitrag)

Sonderanknüpfung von Eheverträgen, Artt 25, 27 lit g EuGüVO / EuPartVO
Heiderhoff Bettina (2019)
In: Arnold Stefan, Laimer Simon (Hrsg.), Die Europäischen Güterrechtsverordnungen :

internationales Ehegüterrecht und Güterrecht für LebenspartnerInnen in Europa.
Wien: Verlag Österreich.
Art der Publikation: Forschungsartikel (Buchbeitrag)

Kindeswohl im europäischen Familienverfahren – ein Lippenbekenntnis?
Heiderhoff Bettina (2019)
In: Budzikiewicz Christine, Heiderhoff Bettina, Klinkhammer Frank, Niethammer-Jürgens Kerstin (Hrsg.), Standards und Abgrenzungen im internationalen Familienrecht. Baden-Baden: Nomos.
Art der Publikation: Forschungsartikel in Sammelband (Konferenz)

Standards und Abgrenzungen im internationalen Familienrecht
Budzikiewicz Christine, Heiderhoff Bettina, Klinkhammer Frank, Niethammer-Jürgens Kerstin (Hrsg.) (2019)
Baden-Baden: Nomos.
Art der Publikation: Fachbuch (Herausgegebenes Buch)

Aktuelle Rechtsfragen der Adoption
Heiderhoff Bettina (2019)
In: Jura : juristische Ausbildung, 41 (10)
Art der Publikation: Forschungsartikel (Zeitschrift)

10 Jahre FamFG
Heiderhoff Bettina (2019)
In: Zeitschrift für Zivilprozess : ZZP, 132 (1)
Art der Publikation: Forschungsartikel (Zeitschrift)

Das vertrackte subjektive Element des gewöhnlichen Aufenthalts
Heiderhoff Bettin (2019)
In: IPRax : Praxis des internationalen Privat- und Verfahrensrechts, 39 (6)
Art der Publikation: Forschungsartikel (Zeitschrift)

Zum Entwurf eines Gesetzes zur Bekämpfung der Mehrehe
Coester-Waltjen Dagmar, Heiderhoff Bettina (2018)
In: Juristenzeitung, 73 (15/16)
Art der Publikation: Forschungsartikel (Zeitschrift)

Das Betreuungsrecht der §§ 1896 ff. BGB – zur schwierigen Balance zwischen Auto-

nomie und Fürsorge

Heiderhoff Bettina, Rademacher Friederike (2018)

In: Jura : juristische Ausbildung, 40(9)

Art der Publikation: Forschungsartikel (Zeitschrift)

Die neue Privatscheidung in Frankreich und ihre Wirkungen in Deutschland: Vorbild oder Ärgernis?

Heiderhoff Bettina, Nicolas-Vullierme Laurence (2018)

In: Das Standesamt : STAZ, 71(12)

Art der Publikation: Forschungsartikel (Zeitschrift)

Wie viele Instanzen? : Überlegungen am Beispiel des FamFG

Heiderhoff Bettina (2018)

In: Zeitschrift für das gesamte Verfahrensrecht : (GVRZ), 2018(1)

Art der Publikation: Forschungsartikel (Zeitschrift)

Buch 3, Verfahren in Beteuungs- und Unterbringungssachen [Kommentierung zu §§ 271-341 FamFG]

Heiderhoff Bettina (2018)

In: Bork Reinhard, Jacoby Florian, Schwab Dieter (Hrsg.), FamFG. Bielefeld: Verlag Ernst und Werner Gieseking.

Art der Publikation: Forschungsartikel (Buchbeitrag)

Abschnitt 9, Verfahren mit Auslandsbezug [Kommentierung zu §§ 97-110 FamFG]

Heiderhoff Bettina (2018)

In: Bork Reinhard, Jacoby Florian, Schwab Dieter (Hrsg.), FamFG. Bielefeld: Verlag Ernst und Werner Gieseking.

Art der Publikation: Forschungsartikel (Buchbeitrag)

Human rights in the German family law context

Heiderhoff Bettina (2018)

In: Choudhry Shazia, Herring Jonathan (Hrsg.), The Cambridge companion to comparative family law. Cambridge ; New York, NY ; Port Melbourne, VIC ; New Delhi ; Singapore: Cambridge University Press.

Art der Publikation: Forschungsartikel (Buchbeitrag)

Minor refugees under the Brussels IIa-regulation

Frankemölle Bernd, Heiderhoff Bettina (2018)

In: Heiderhoff Bettina, Queirolo Ilaria (Hrsg.), Persons on the move : new horizons of family and tort law. Roma: Aracne editrice.
Art der Publikation: Forschungsartikel (Buchbeitrag)

Persons on the move ; new horizons of family, contact and tort law
Heiderhoff Bettina, Queirolo Ilaria (Hrsg.) (2018)
Roma: Aracne editrice.
Art der Publikation: Fachbuch (Herausgegebenes Buch)

Flüchtlinge und IPR - eine Einführung
Heiderhoff Bettina (2018)
In: Budzikiewicz Christine, Heiderhoff Bettina, Klinkhammer Frank, Niethammer-Jürgens Kerstin (Hrsg.), Migration und IPR. Baden-Baden: Nomos.
Art der Publikation: Forschungsartikel in Sammelband (Konferenz)

Minderjährige Flüchtlinge - Überlegungen zum Kindeswohl und zur internationalen Zuständigkeit
Heiderhoff Bettina, Frankemölle, Bernd (2018)
In: Budzikiewicz Christine, Heiderhoff Bettina, Klinkhammer Frank, Niethammer-Jürgens Kerstin (Hrsg.), Migration und IPR. Baden-Baden: Nomos.
Art der Publikation: Forschungsartikel in Sammelband (Konferenz)

Migration und IPR
Budzikiewicz Christine, Heiderhoff Bettina, Klinkhammer Frank, Niethammer-Jürgens, Kerstin (Hrsg.) (2018)
Baden-Baden: Nomos.
Art der Publikation: Fachbuch (Herausgegebenes Buch)

Kinderrechte - ein Überblick
Heiderhoff Bettina (2018)
In: Röthel Anne, Heiderhoff Bettina (Hrsg.), Mehr Kinderrechte? Nutzen und Nachteil. Frankfurt am Main: Wolfgang Metzner Verlag.
Art der Publikation: Forschungsartikel in Sammelband (Konferenz)

Mehr Kinderrechte? Nutzen und Nachteil
Röthel Anne, Heiderhoff Bettina (Hrsg.) (2018)
Frankfurt am Main: Wolfgang Metzner Verlag.
Art der Publikation: Fachbuch (Herausgegebenes Buch)

HUP : Protokoll über das auf Unterhaltspflichten anzuwendende Recht
Heiderhoff Bettina (2018)
In: Bamberger Heinz Georg, Roth Herbert, Rau Wolfgang, Poseck
Roman (Hrsg.), Beck'scher Online-Kommentar BGB. München: C. H. Beck.
Art der Publikation: Forschungsartikel (Buchbeitrag)

Rom III-VO : Verordnung (EU) Nr. 1259/2010 des Rates vom 20. Dezember 2010 zur Durchführung einer Verstärkten Zusammenarbeit im Bereich des auf die Ehescheidung und Trennung ohne Auflösung des Ehebandes anzuwendenden Rechts
Heiderhoff Bettina (2018)
In: Bamberger Heinz Georg, Roth Herbert, Rau Wolfgang, Poseck
Roman (Hrsg.), Beck'scher Online-Kommentar BGB. München: C. H. Beck.
Art der Publikation: Forschungsartikel (Buchbeitrag)

EuUnthVO : Verordnung (EG) Nr. 4/2009 des Rates vom 18. Dezember 2008 über die Zuständigkeit, das anwendbare Recht, die Anerkennung und Vollstreckung von Entscheidungen und die Zusammenarbeit in Unterhaltssachen
Heiderhoff Bettina (2018)
In: Bamberger Heinz Georg, Roth Herbert, Rau Wolfgang, Poseck
Roman (Hrsg.), Beck'scher Online-Kommentar BGB. München: C. H. Beck.
Art der Publikation: Forschungsartikel (Buchbeitrag)

EGBGB Art. 17-24
Heiderhoff Bettina (2018)
In: Bamberger Heinz Georg, Roth Herbert, Rau Wolfgang, Poseck
Roman (Hrsg.), Beck'scher Online-Kommentar BGB. München: C. H. Beck.
Art der Publikation: Forschungsartikel (Buchbeitrag)

Haager Übereinkommen über die zivilrechtlichen Aspekte internationaler Kindesentführung (KindEntfÜbk)
Heiderhoff Bettina (2018)
In: Säcker Franz Jürgen, Rixecker Roland, Oetker Hartmut, Limperg
Bettina (Hrsg.), Münchener Kommentar zum Bürgerlichen Gesetzbuch. Band 11:
Internationales Privatrecht I, Europäisches Kollisionsrecht, Einführungsgesetz zum
Bürgerlichen Gesetzbuche (Art. 1-26). München: C. H. Beck.
Art der Publikation: Forschungsartikel (Buchbeitrag)

Europäisches Übereinkommen über die Anerkennung und Vollstreckung von

Entscheidungen über das Sorgerecht für Kinder und die Wiederherstellung des
Sorgeverhältnisses (EuSorgeRÜbk)
Heiderhoff Bettina (2018)
In: Säcker Franz Jürgen, Rixecker Roland, Oetker Hartmut, Limperg
Bettina (Hrsg.), Münchener Kommentar zum Bürgerlichen Gesetzbuch. Band 11:
Internationales Privatrecht I, Europäisches Kollisionsrecht, Einführungsgesetz zum
Bürgerlichen Gesetzbuche (Art. 1–26). München: C. H. Beck.
Art der Publikation: Forschungsartikel (Buchbeitrag)

Verordnung (EG) Nr. 2201/2003 des Rates vom 27. November 2003 über die
Zuständigkeit und die Anerkennung und Vollstreckung von Entscheidungen in
Ehesachen und in Verfahren betreffend die elterliche Verantwortung und zur
Aufhebung der Verordnung (EG) Nr.1347/2000: (Brüssel II a-VO)
Heiderhoff Bettina (2018)
In: Säcker Franz Jürgen, Rixecker Roland, Oetker Hartmut, Limperg
Bettina (Hrsg.), Münchener Kommentar zum Bürgerlichen Gesetzbuch. Band 11:
Internationales Privatrecht I, Europäisches Kollisionsrecht, Einführungsgesetz zum
Bürgerlichen Gesetzbuche (Art. 1–26). München: C. H. Beck.
Art der Publikation: Forschungsartikel (Buchbeitrag)

Aktuelle Fragen zum Scheidungs- und Scheidungsverbundverfahren
Heiderhoff Bettina (2018)
In: Neue Zeitschrift für Familienrecht : NZFam, 5(12)
Art der Publikation: Forschungsartikel (Zeitschrift)

Anmerkung [zu: KG Berlin 06.04.2017, §§ 280 I, 284, 1684 BGB: Schadensersatz
wegen Umgangsvereitelung]
Heiderhoff Bettina (2018)
In: FamRZ : Zeitschrift für das gesamte Familienrecht, 65(4)
Art der Publikation: Forschungsartikel (Zeitschrift)

Die EU-Güterrechtsverordnungen
Heiderhoff Bettina (2018)
In: IPRax : Praxis des internationalen Privat- und Verfahrensrechts, 38(1)
Art der Publikation: Forschungsartikel (Zeitschrift)

Die EU-Güterrechtsverordnungen als neueste Bausteine im Europäischen

Familienkollisionsrecht
Heiderhoff Bettina, Beißel Katharina (2018)
In: Jura : juristische Ausbildung, 40(3)
Art der Publikation: Forschungsartikel (Zeitschrift)

Die Evaluierung der FGG-Reform : Abschlussbericht zum Forschungsvorhaben
Ekert Stefan, Heiderhoff Bettina (2018)
Mönchengladbach: Forum Verlag.
Art der Publikation: Fachbuch (Monographie)

Länderbericht Deutschland
Heiderhoff Bettina (2017)
In: Bergmann Alexander, Ferid Murad, Henrich Dieter (Hrsg.), Internationales Ehe-
und Kindschaftsrecht. Frankfurt am Main: Verlag für Standesamtswesen.
Art der Publikation: Forschungsartikel (Buchbeitrag)

Arbitration, the Rome I Regulation, and the law applicable to the merits
Heiderhoff Bettina (2017)
In: Pazdan Maksymilian, Jagielska Monika, Rott-Pietrzyk Ewa, Szpunar
Maciej (Hrsg.), Rozprawy z prawa prywatnego. Warszawa: Wolters Kluwer.
Art der Publikation: Forschungsartikel (Buchbeitrag)

Das Kindeswohl im internationalen Familienverfahren
Heiderhoff Bettina (2017)
In: Schütze Rolf A (Hrsg.), Fairness justice equity : Festschrift für Reinhold Geimer
zum 80. Geburtstag. München: C. H. Beck.
Art der Publikation: Forschungsartikel (Buchbeitrag)

Vorschläge zur Durchführung der EU-Güterrechtsverordnungen
Heiderhoff Bettina (2017)
In: IPRax : Praxis des internationalen Privat- und Verfahrensrechts, 37(3)
Art der Publikation: Forschungsartikel (Zeitschrift)

Das autonome IPR in familienrechtlichen Fragen
Heiderhoff Bettina (2017)
In: IPRax : Praxis des internationalen Privat- und Verfahrensrechts, 37(2)
Art der Publikation: Forschungsartikel (Zeitschrift)

§§ 1741 ff. BGB, 9 VII LPartG : Adoption durch Lebenspartnerin bei anonymer Becherspende
Heiderhoff Bettina（2017）
In: FamRZ : Zeitschrift für das gesamte Familienrecht, 64（15）
Art der Publikation: Forschungsartikel（Zeitschrift）

Elternkonkurrenzen
Heiderhoff Bettina, Beißel Katharina（2017）
In: Jura : juristische Ausbildung, 39（11）
Art der Publikation: Forschungsartikel（Zeitschrift）

Kein Schadensersatz wegen eines "abredewidrig" empfangenen Kindes（Anmerkung zur Entscheidung des BGH v. 17.04.1986 - IX ZR 200/85）
Heiderhoff Bettina（2017）
In: Neue Juristische Wochenschrift, 70（42）
Art der Publikation: Forschungsartikel（Zeitschrift）

Zwangsvollstreckungsrecht
Heiderhoff, Bettina; Skamel, Frank（2017）
Heidelberg: C. F. Müller Juristischer Verlag.
Art der Publikation: Lehrbuch（Monographie）

Das autonome IPR in familienrechtlichen Fragen
Heiderhoff Bettina（2017）
In: IPRax : Praxis des internationalen Privat- und Verfahrensrechts, 37（2）
Art der Publikation: Forschungsartikel（Zeitschrift）

Current legal challenges in European private and institutional integration
Heiderhoff Bettina, Queirolo Ilaria（Hrsg.）（2017）
Canterano（Roma）: Aracne editrice.
Art der Publikation: Fachbuch（Herausgegebenes Buch）

Vaterschaftsbeendigung statt Vaterschaftsanfechtung - Berücksichtigung einer gelebten Vater-Kind-Beziehung im Abstammungsrecht
Heiderhoff, Bettina / Gajewski, Karolina（2016）
In: Praxis der Rechtspsychologie, 26. Jahrgang（Heft 2 / Dezember 2016）
Art der Publikation: Forschungsartikel（Zeitschrift）

Transnationaler Schutz der Privatsphäre im Internationalen Privatrecht
Heiderhoff Bettina (2016)
In: Dethloff Nina, Nolte Georg, Reinisch August (Hrsg.), Freiheit und Regulierung in der Cyberwelt Rechtsidentifikation zwischen Quelle und Gericht. Heidelberg: C. F. Müller Juristischer Verlag.
Art der Publikation: Forschungsartikel in Sammelband (Konferenz)

Rom 1-VO : Verordnung (EG) Nr 593/2008 des Europäischen Parlaments und des Rates vom 17. Juni 2008 über das auf vertragliche Schuldverhältnisse anzuwendende Recht ("Rom I")
Freitag Robert, Heiderhoff Bettina, von Hein Jan, Thorn Karsten, Wendt Domenik Henning (2016)
In: Rauscher Thomas (Hrsg.), Europäisches Zivilprozess- und Kollisionsrecht : EuZPR/EuIPR. - Band 3. Köln: Otto Schmidt.
Art der Publikation: Forschungsartikel (Buchbeitrag)

Eheliche (Rechts-) Pflichten: Ein verborgener Diskurs
Heiderhoff Bettina (2016)
In: Lembke Ulrike (Hrsg.), Regulierungen des Intimen : Sexualität und Recht im modernen Staat. Wiesbaden: VS Verlag für Sozialwissenschaften.
Art der Publikation: Forschungsartikel (Buchbeitrag)

Europäisches Privatrecht
Heiderhoff Bettina (2016)
Heidelberg: C. F. Müller Juristischer Verlag.
Art der Publikation: Fachbuch (Monographie)

EU-Grundrechte und Privatrecht = EU fundamental rights and private law
Heiderhoff Bettina, Lohsse Sebastian, Schulze Reiner (Hrsg.) (2016)
Baden-Baden: Nomos.
Art der Publikation: Fachbuch (Herausgegebenes Buch)

Regelungsaufgabe Mutterstellung: Eine Einführung
Röthel Anne, Heiderhoff Bettina (2016)
In: Röthel Anne, Heiderhoff Bettina (Hrsg.), Regelungsaufgabe Mutterstellung : was kann, was darf, was will der Staat?. Frankfurt: Wolfgang Metzner Verlag.
Art der Publikation: Forschungsartikel (Buchbeitrag)

Regelungsaufgabe Mutterstellung : was kann, was darf, was will der Staat?
Röthel Anne, Heiderhoff Bettina (Hrsg.) (2016)
Frankfurt: Wolfgang Metzner Verlag.
Art der Publikation: Fachbuch (Herausgegebenes Buch)

Herausforderungen durch neue Familienformen – Zeit für ein Umdenken
Heiderhoff Bettina (2016)
In: Neue Juristische Wochenschrift, 69(36)
Art der Publikation: Forschungsartikel (Zeitschrift)

Mobility of judgments in the EU: reality, or just a dream?
Heiderhoff Bettina (2016)
In: Heiderhoff Bettina, Queirolo Ilaria (Hrsg.), European and international cross-border private and economic relationships and individual rights. Ariccia: Aracne editrice.
Art der Publikation: Forschungsartikel (Buchbeitrag)

European and international cross-border private and economic relationships and individual rights
Heiderhoff Bettina, Queirolo Ilaria (Hrsg.) (2016)
Ariccia: Aracne editrice.
Art der Publikation: Fachbuch (Herausgegebenes Buch)

Anspruch des Kindes auf Klärung der genetischen Vaterschaft?
Heiderhoff Bettina (2016)
In: Neue Juristische Wochenschrift, 69(27)
Art der Publikation: Forschungsartikel (Zeitschrift)

Die Selbstbeschränkung des Anwendungsbereichs der EU-Charta in Art. 51 und die Ausbildung eines anerkennungsrechtlichen europäischen ordre public
Heiderhoff Bettina (2016)
In: Heiderhoff Bettina, Lohsse Sebastian, Schulze Reiner (Hrsg.), EU-Grundrechte und Privatrecht = EU fundamental rights and private law. Baden-Baden: Nomos.
Art der Publikation: Forschungsartikel (Buchbeitrag)

Ist gemeinsam besser als allein?
Heiderhoff Bettina, Sahner Andreas (2016)
In: Ad legendum : AL, 13(2)

Art der Publikation: Forschungsartikel (Zeitschrift)

"Community of Accrued Gains" in Germany – some current legal issues
Heiderhoff Bettina (2016)
In: Lauroba Lacasa Elena, Ginebra Molins Maira Esperanca (Hrsg.), Régimes
matrimoniaux de participation aux acquêts et autres mécanismes participatifs entre
époux en Europe . Paris: Société de législation compare.
Art der Publikation: Forschungsartikel in Sammelband (Konferenz)

Verbraucherrecht und Verbraucherverhalten = Consumer law and consumer behaviour
Heiderhoff Bettina, Schulze Reiner (Hrsg.) (2016)
Baden-Baden: Nomos.
Art der Publikation: Fachbuch (Herausgegebenes Buch)

Verbraucherrecht und Verbraucherverhalten - Einführung
Heiderhoff Bettina, Schulze Reiner (2016)
In: Heiderhoff Bettina, Schulze Reiner (Hrsg.), Verbraucherrecht und
Verbraucherverhalten = Consumer law and consumer behaviour. Baden-
Baden: Nomos.
Art der Publikation: Forschungsartikel (Buchbeitrag)

Der Erfolgsort bei der Persönlichkeitsrechtsverletzung im Internet
Heiderhoff Bettina (2015)
In: Hilbig-Lugani Katharina, Jakob Dominique, Mäsch Gerald, Reuß Philipp M,
Schmid (Hrsg.), Zwischenbilanz : Festschrift für Dagmar Coester-Waltjen zum 70.
Geburtstag am 11. Juli 2015. Bielefeld: Gieseking Verlag.
Art der Publikation: Forschungsartikel (Buchbeitrag)

Zum Abänderungsverfahren für eine ausländische Kinderunterhaltsentscheidung
Heiderhoff Bettina (2015)
In: FamRZ : Zeitschrift für das gesamte Familienrecht, 62(6)
Art der Publikation: Forschungsartikel (Zeitschrift)

General Principles of EU Civil Law
Heiderhoff Bettina (2015)
In: Zeitschrift für europäisches Privatrecht : ZEuP, 23(1)
Art der Publikation: Rezension (Zeitschrift)

Rechte des Samenspenders bei Adoption des Kindes durch die Lebenspartnerin der Mutter

Heiderhoff Bettina（2015）

In: Neue Juristische Wochenschrift, 67（25）

Art der Publikation: Forschungsartikel（Zeitschrift）

Anerkennung eines kalifornischen Urteils zur Elternstellung bei Leihmutterschaft

Heiderhoff Bettina（2015）

In: Neue Juristische Wochenschrift, 68（7）

Art der Publikation: Forschungsartikel（Zeitschrift）

Zustellung europäischer Mahnbescheid

Heiderhoff Bettina（2015）

In: LMK : kommentierte BGH-Rechtsprechung, 2015（2）

Art der Publikation: Forschungsartikel（Zeitschrift）

Keine Rückwirkung des Art. 16 Abs. 3 KSÜ

Heiderhoff Bettina（2015）

In: IPRax : Praxis des internationalen Privat- und Verfahrensrechts, 35（4）

Art der Publikation: Forschungsartikel（Zeitschrift）

EG-ZustVO 2007 : Verordnung（EG）Nr 1393/2007 des Europäischen Parlaments und des Rates vom 13. November 2007 über die Zustellung gerichtlicher und außergerichtlicher Schriftstücke in Zivil- oder Handelssachen in den Mitgliedstaaten（"Zustellung von Schriftstücken"）und zur Aufhebung der Verordnung（EG）Nr. 1348/2000 des Rates

Heiderhoff Bettina（2015）

In: Rauscher Thomas（Hrsg.）, Europäisches Zivilprozess- und Kollisionsrecht : EuZPR/EuIPR. - Band 2. Köln: Otto Schmidt.

Art der Publikation: Forschungsartikel（Buchbeitrag）

Kommentierung der §§ 1741 - 1772 BGB

Heiderhoff Bettina（2015）

In: Viefhues Wolfram（Hrsg.）, Juris PraxisKommentar BGB. - Band 4: Familienrecht. Saarbrücken: juris.

Art der Publikation: Forschungsartikel（Buchbeitrag）

Auskunftsanspruch des Kindes gegen eine Samenbank bei heterologer Insemination
Heiderhoff Bettina (2015)
In: LMK : kommentierte BGH-Rechtsprechung, 2015(5)
Art der Publikation: Forschungsartikel (Zeitschrift)

Party autonomy in European private (and) international law. - 1
Quierolo Ilaria, Heiderhoff Bettina (Hrsg.) (2015)
Ariccia: Aracne editrice.
Art der Publikation: Fachbuch (Herausgegebenes Buch)

Väterrechte
Heiderhoff Bettina (2014)
In: Hamburger Rechtsnotizen : HRN, 4(1)
Art der Publikation: Forschungsartikel (Zeitschrift)

Kindesrückgabe bei entgegenstehendem Kindeswillen
Heiderhoff Bettina (2014)
In: IPRax : Praxis des internationalen Privat- und Verfahrensrechts, 34(6)
Art der Publikation: Forschungsartikel (Zeitschrift)

Ehevoraussetzungen in Europa
Heiderhoff Bettina (2014)
In: Das Standesamt : STAZ, 67(7)
Art der Publikation: Forschungsartikel (Zeitschrift)

Rechtliche Abstammung im Ausland geborener Leihmutterkinder
Heiderhoff Bettina (2014)
In: Neue Juristische Wochenschrift, 67(37)
Art der Publikation: Forschungsartikel (Zeitschrift)

Materielle Vertragsfreiheit und soziales Mietrecht
Heiderhoff Bettina, Sahner Andreas (2014)
In: Ad legendum : AL, 11(2)
Art der Publikation: Forschungsartikel (Zeitschrift)

Vermögenstransparenz zwischen Gläubigerinteresse und Datenschutz
Heiderhoff Bettina (2014)
In: Hess Burkard (Hrsg.), Die Anerkennung im Internationalen Zivilprozessrecht -

europäisches Vollstreckungsrecht. Bielefeld: Gieseking Verlag.
Art der Publikation: Forschungsartikel（Buchbeitrag）

Zur Frage der doppelten Rechtshängigkeit und dem anwendbaren Recht
Heiderhoff Bettina（2014）
In: FamRZ : Zeitschrift für das gesamte Familienrecht, 61（10）
Art der Publikation: Forschungsartikel（Zeitschrift）

Spiegelbildgrundsatz und ordre public-Verstoß im Rahmen des § 109 Abs. 1 FamFG （zu OLG Düsseldorf, 5.10.2012 - 345E3-7950/11, unten S. 286, Nr. 22）
Heiderhoff Bettina（2014）
In: IPRax : Praxis des internationalen Privat- und Verfahrensrechts, 34（3）
Art der Publikation: Forschungsartikel（Zeitschrift）

Was kann, was darf, was will der Staat?
Heiderhoff Bettina（2014）
In: Röthel Anne, Heiderhoff Bettina（Hrsg.）, Regelungsaufgabe Vaterstellung: was kann, was darf, was will der Staat?. Frankfurt am Main: Wolfgang Metzner Verlag.
Art der Publikation: Forschungsartikel（Buchbeitrag）

Regelungsaufgabe Vaterstellung: was kann, was darf, was will der Staat?
Röthel Anne, Heiderhoff Bettina（Hrsg.）（2014）
Frankfurt am Main: Wolfgang Metzner Verlag.
Art der Publikation: Fachbuch（Herausgegebenes Buch）

Abschnitt 9 Verfahren mit Auslandsbezug
Heiderhoff Bettina（2013）
In: Bork Reinhard, Jacoby Florian, Schwab Dieter（Hrsg.）, FamFG : Kommentar zum Gesetz über das Verfahren in Familiensachen und in den Angelegenheiten der freiwilligen Gerichtsbarkeit. Bielefeld: Gieseking Verlag.
Art der Publikation: Forschungsartikel（Buchbeitrag）

BGH v 15.5.2013 - XII ZR 49/11 - § 1600 I Nr. 2 BGB: Vaterschaftsanfechtung durch Samenspender
Heiderhoff Bettina（2013）
In: FamRZ : Zeitschrift für das gesamte Familienrecht, 60（15）
Art der Publikation: Forschungsartikel（Zeitschrift）

140

Die Vollstreckungserinnerung (§ 766 ZPO) = Skarga na czynność organu egzekucyjnego według § 766 ZPO

Heiderhoff Bettina (2013)

In: Przeglad Prawa Egzekucyjnego, 2013

Art der Publikation: Forschungsartikel (Zeitschrift)

Fiktive Zustellung und Titelmobilität

Heiderhoff Bettina (2013)

In: IPRax : Praxis des internationalen Privat- und Verfahrensrechts, 33(4)

Art der Publikation: Forschungsartikel (Zeitschrift)

Gemeinsame Sorgen unverheirateter Eltern - wird endlich alles gut?

Heiderhoff Bettina (2013)

In: Juristenzeitung, 68(2)

Art der Publikation: Forschungsartikel (Zeitschrift)

"PEPP – Programme in European Private Law for Postgraduates" der Universitäten Hamburg, Kattowitz/Breslau, Cambridge, Valencia

Heiderhoff Bettina, Stübinger Malte (2013)

In: Zeitschrift für europäisches Privatrecht, 21(1)

Art der Publikation: Forschungsartikel (Zeitschrift)

Anhang IV: Gesetz zur Ausführung des Haager Übereinkommens vom 13. Januar 2000 über den internationalen Schutz von Erwachsenen (Erwachsenenschutzübereinkommens-Ausführungsgesetz - (ErwSÜAG)

Heiderhoff Bettina (2013)

In: Bork Reinhard, Jacoby Florian, Schwab Dieter (Hrsg.), FamFG : Kommentar zum Gesetz über das Verfahren in Familiensachen und in den Angelegenheiten der freiwilligen Gerichtsbarkeit. Bielefeld: Gieseking Verlag.

Art der Publikation: Forschungsartikel (Buchbeitrag)

Anhang III: Gesetz zur Geltendmachung von Unterhaltsansprüchen im Verkehr mit ausländischen Staaten (Auslandsunterhaltsgesetz - AUG)

Heiderhoff Bettina (2013)

In: Bork Reinhard, Jacoby Florain, Schwab Dieter (Hrsg.), FamFG : Kommentar zum Gesetz über das Verfahren in Familiensachen und in den Angelegenheiten der freiwilligen Gerichtsbarkeit. Bielefeld: Gieseking Verlag.

Art der Publikation: Forschungsartikel (Buchbeitrag)

ベッティナ・ハイダーホフ教授 研究業績一覧 *141*

Anhang II: Gesetz zur Aus- und Durchführung bestimmter Rechtsinstrumente auf dem Gebiet des internationalen Familienrechts (Internationales Familienrechtsverfahrensgesetz - IntFamRVG)

Heiderhoff Bettina (2013)

In: Bork Reinhard, Jacoby Florian, Schwab Dieter (Hrsg.), FamFG : Kommentar zum Gesetz über das Verfahren in Familiensachen und in den Angelegenheiten der freiwilligen Gerichtsbarkeit. Bielefeld: Gieseking Verlag.

Art der Publikation: Forschungsartikel (Buchbeitrag)

Buch 3 Verfahren in Betreuungs- und Unterbringungssachen

Heiderhoff Bettina (2013)

In: Bork Reinhard, Jacoby Florian, Schwab Dieter (Hrsg.), FamFG : Kommentar zum Gesetz über das Verfahren in Familiensachen und in den Angelegenheiten der freiwilligen Gerichtsbarkeit. Bielefeld: Gieseking Verlag.

Art der Publikation: Forschungsartikel (Buchbeitrag)

Art 17-24 EGBGB

Heiderhoff Bettina (2012)

In: Bamberger Heinz Georg, Roth Herbert (Hrsg.), Kommentar zum Bürgerlichen Gesetzbuch, Band 3. München: C. H. Beck.

Art der Publikation: Forschungsartikel (Buchbeitrag)

Doorstep selling, service of documents, information requirements

Heiderhoff Bettina (2012)

In: Basedow Jürgen, Hopt Klaus J, Zimmermann Reinhard (Hrsg.), The Max Planck encyclopedia of European private law. - Volume 2. Oxford: Oxford University Press.

Art der Publikation: Forschungsartikel (Buchbeitrag)

Der gewöhnliche Aufenthalt von Säuglingen

Heiderhoff Bettina (2012)

In: IPRax : Praxis des internationalen Privat- und Verfahrensrechts, 32

Art der Publikation: Forschungsartikel (Zeitschrift)

Der unterhaltserweiternde Vertrag als Antwort auf die aktuelle Rechtsprechung des BGH zum Betreuungsunterhalt

Heiderhoff Bettina (2012)

In: Deutsche Notar-Zeitschrift : Verkündungsblatt der Bundesnotarkammer, 111 (7)

Art der Publikation: Forschungsartikel (Zeitschrift)

Materieller Anspruch und Rechtshängigkeitssperre nach Art. 27 EuGVVO

Heiderhoff Bettina (2012)

In: Geimer Reinhold, Schütze Rolf A (Hrsg.), Recht ohne Grenzen : Festschrift für Athanassios Kaissis zum 65. Geburtstag. München: Sellier de Gruyter.

Art der Publikation: Forschungsartikel (Buchbeitrag)

Verlängerung des Betreuungsunterhalts über das dritte Lebensjahr hinaus in der aktuellen Rechtsprechung des BGH – lässt die Unterhaltsrechtsreform wirklich so wenig Spielraum?

Heiderhoff Bettina (2012)

In: FamRZ : Zeitschrift für das gesamte Familienrecht, 59(20)

Art der Publikation: Forschungsartikel (Zeitschrift)

Was will der Staat? Was darf der Staat? Was kann der Staat? Vorüberlegungen

Heiderhoff Bettina (2012)

In: Röthel Anne, Heiderhoff Bettina (Hrsg.), Regelungsaufgabe Paarbeziehung : was kann, was darf, was will der Staat. Frankfurt, M.: Wolfgang Metzner Verlag.

Art der Publikation: Forschungsartikel (Buchbeitrag)

Regelungsaufgabe Paarbeziehung : was kann, was darf, was will der Staat

Röthel Anne, Heiderhoff Bettina (Hrsg.) (2012)

Frankfurt, M.: Wolfgang Metzner Verlag.

Art der Publikation: Fachbuch (Herausgegebenes Buch)

Europäisches Privatrecht

Heiderhoff, Bettina (2012)

Heidelberg: C. F. Müller Juristischer Verlag.

Art der Publikation: Fachbuch (Monographie)

Abstammung als Vorfrage

Heiderhoff Bettina (2011)

In: Schmidt Claudia (Hrsg.), Internationale Unterhaltsrealisierung : Rechtsgrundlagen und praktische Anwendung. Baden-Baden: Nomos.

Art der Publikation: Forschungsartikel (Buchbeitrag)

Wann ist ein "Clean Break" unterhaltsrechtlich zu qualifizieren?

Heiderhoff Bettina (2011)

In: IPRax : Praxis des internationalen Privat- und Verfahrensrechts, 31

Art der Publikation: Forschungsartikel（Zeitschrift）

Neues zum gleichen Streitgegenstand im Sinne des Art. 27 EuGV
Heiderhoff Bettina（2011）
In: IPRax : Praxis des internationalen Privat- und Verfahrensrechts, 31
Art der Publikation: Forschungsartikel（Zeitschrift）

Verfahrensrechtliche Probleme im Vaterschaftsanfechtungsverfahren
Heiderhoff Bettina（2011）
In: Familie, Partnerschaft, Recht : FPR, 17（8/9）
Art der Publikation: Forschungsartikel（Zeitschrift）

Alternativen zur Eheauflösung durch gerichtliches Gestaltungsurteile
Heiderhoff Bettina（2011）
In: Das Standesamt : STAZ, 64
Art der Publikation: Forschungsartikel（Zeitschrift）

Behandlung von Lastschriften in der Insolvenz（Anmerkung zu den Entscheidungen des BGH, Beschlüsse von 20.07.2010, IX ZR 37/09 und XI ZR 236/07）
Heiderhoff Bettina（2011）
In: KTS : Zeitschrift für Insolvenzrecht, 72（1）
Art der Publikation: Forschungsartikel（Zeitschrift）

Die Auflösung nicht abstammungsgemäßer rechtlicher Elternschaft und ihre Auswirkungen auf die Beteiligten
Heiderhoff Bettina（2011）
In: Schwab Dieter, Vaskovics Laszlo A（Hrsg.）, Pluralisierung von Elternschaft und Kindschaft : Familienrecht, -soziologie und -psychologie im Dialog. Opladen ;
Farmington Hills, Mich.: Verlag Barbara Budrich.
Art der Publikation: Forschungsartikel（Buchbeitrag）

Ist das Anerkennungsprinzip schon geltendes internationales Familienrecht in der EU?
Heiderhoff Bettina（2011）
In: Kronke Herbert, Thorn Karsten（Hrsg.）, Grenzen überwinden - Prinzipien bewahren : Festschrift für Bernd von Hoffmann zum 70. Geburtstag am 28. Dezember 2011. Bielefeld: Gieseking Verlag.
Art der Publikation: Forschungsartikel（Buchbeitrag）

Interpretation in Polish, German and European private law
Heiderhoff Bettina, Żmij Grzegorz (Hrsg.) (2011)
München: Sellier de Gruyter.
Art der Publikation: Fachbuch (Herausgegebenes Buch)

Kapitel 17: Deliktsrecht (Produkthaftung, Produktsicherheit)
Heiderhoff Bettina (2010)
In: Gebauer Martin, Wiedmann Thomas (Hrsg.), Zivilrecht unter europäischem
Einfluss. Stuttgart ; München ; Hannover ; Berlin ; Weimar ; Dresden: Richard
Boorberg Verlag.
Art der Publikation: Forschungsartikel (Buchbeitrag)

Information als Mittel des Verbraucherschutzes im europaischen
Verbrauchervertragsrecht - eine Geschichte der Pyrrhussiege
Heiderhoff Bettina (2010)
In: Silesian journal of legal studies : SJLS, 2010(2)
Art der Publikation: Forschungsartikel (Zeitschrift)

Die Vaterschaftsklärung und ihre Folgen – von der Vaterschaftsanfechtung zur
Vaterschaftsbeendigung?
Heiderhoff Bettina (2010)
In: FamRZ : Zeitschrift für das gesamte Familienrecht, 57(1)
Art der Publikation: Forschungsartikel (Zeitschrift)

Buch 3 Verfahren in Betreuungs- und Unterbringungssachen
Heiderhoff Bettina (2009)
In: Bork Reinhard, Jacoby Florian, Schwab Dieter (Hrsg.), FamFG : Kommentar zum
Gesetz über das Verfahren in Familiensachen und in den Angelegenheiten der
freiwilligen Gerichtsbarkeit. Bielefeld: Gieseking Verlag.
Art der Publikation: Forschungsartikel (Buchbeitrag)

Abschnitt 9 Verfahren mit Auslandsbezug
Heiderhoff Bettina (2009)
In: Bork Reinhard, Jacoby Florian, Schwab Dieter (Hrsg.), FamFG : Kommentar zum
Gesetz über das Verfahren in Familiensachen und in den Angelegenheiten der
freiwilligen Gerichtsbarkeit . Bielefeld: Gieseking Verlag.
Art der Publikation: Forschungsartikel (Buchbeitrag)

Zustellung

Heiderhoff Bettina (2009)

In: Basedow Jürgen, Hopt Klaus J, Zimmermann Reinhard (Hrsg.), Handwörterbuch des Europäischen Privatrechts, Band 2. Tübingen: Mohr Siebeck Verlag.

Art der Publikation: Lexikonartikel (Buchbeitrag)

Informationspflichten (Verbrauchervertrag)

Heiderhoff Bettina (2009)

In: Basedow Jürgen, Hopt Klaus J, Zimmermann Reinhard (Hrsg.), Handwörterbuch des Europäischen Privatrechts, Band 1. Tübingen: Mohr Siebeck Verlag.

Art der Publikation: Lexikonartikel (Buchbeitrag)

Haustürgeschäfte

Heiderhoff Bettina (2009)

In: Basedow Jürgen, Hopt Klaus J, Zimmermann Reinhard (Hrsg.), Handwörterbuch des Europäischen Privatrechts, Band 1. Tübingen: Mohr Siebeck Verlag.

Art der Publikation: Lexikonartikel (Buchbeitrag)

AGB-Kontrolle im internationalen Kaufvertrg

Heiderhoff Bettina (2009)

In: Universität Leipzig Juristenfakultät (Hrsg.), Festschrift der Juristenfakultät zum 600jährigen Bestehen der Universität Leipzig. Berlin: Duncker & Humblot.

Art der Publikation: Forschungsartikel (Buchbeitrag)

Das Kind und sein rechtlicher Vater

Heiderhoff Bettina (2009)

In: Bork Reinhard, Repgen Tilman (Hrsg.), Das Kind im Recht. Berlin: Duncker & Humblot.

Art der Publikation: Forschungsartikel (Buchbeitrag)

Die Anerkennung ausländischer Entscheidungen in Ehesachen

Heiderhoff Bettina (2009)

In: Das Standesamt : STAZ, 62

Art der Publikation: Forschungsartikel (Zeitschrift)

Scheidung "türkischer" Ehen durch deutsche Gerichte

Heiderhoff Bettina (2009)

In: Kurulu Yayin (Hrsg.), Halûk Konuralp anisina armağan = Gedächtnisschrift für

Halûk Konuralp = Essays in Honour of Halûk Konuralp. Ankara: Yetkin Yayinlari.
Art der Publikation: Forschungsartikel (Buchbeitrag)

Zur Insolvenzanfechtung bei Eigenkündigung eines Bankkredits durch den Schuldner und Zahlung mit Kundenschecks
Heiderhoff Bettina (2009)
In: KTS : Zeitschrift für Insolvenzrecht, 70(4)
Art der Publikation: Forschungsartikel (Zeitschrift)

Tort law in Poland, Germany and Europe
Heiderhoff Bettina, Żmij Grzegorz (Hrsg.) (2009)
München: Sellier de Gruyter.
Art der Publikation: Fachbuch (Herausgegebenes Buch)

Kann ein Kind mehrere Väter haben?
Heiderhoff Bettina (2008)
In: FamRZ : Zeitschrift für das gesamte Familienrecht, 55(20)
Art der Publikation: Forschungsartikel (Zeitschrift)

Der Einfluss des europäischen Rechts auf das nationale Privatrecht
Heiderhoff Bettina (2008)
In: Zeitschrift für das juristische Studium : ZJS, 1(1)
Art der Publikation: Forschungsartikel (Zeitschrift)

CISG'ın Uygulama Alanı: Konu Bakımından
Heiderhoff Bettina (2008)
In: Atamer Yeşim M (Hrsg.), Milletlerarası satım hukuku. İstanbul: XII Levha.
Art der Publikation: Forschungsartikel (Buchbeitrag)

Eine europäische Kollisionsregel für Pressedelikte
Heiderhoff Bettina (2007)
In: Europäische Zeitschrift für Wirtschaftsrecht : EuZW, 18(14)
Art der Publikation: Forschungsartikel (Zeitschrift)

Gerichtliche Aufforderung zur Wiederaufnahme des ehelichen Lebens nach türkischem Recht durch deutsche Gerichte
Heiderhoff Bettina (2007)
In: IPRax : Praxis des internationalen Privat- und Verfahrensrechts, 27

Art der Publikation: Forschungsartikel（Zeitschrift）

Kenntnisnahme ersetzt nicht die Zustellung im Vollstreckbarerklärungsverfahren

Heiderhoff Bettina（2007）

In: IPRax : Praxis des internationalen Privat- und Verfahrensrechts, 27

Art der Publikation: Forschungsartikel（Zeitschrift）

Keine Rangordnung der Zustellungsart

Heiderhoff Bettina（2007）

In: IPRax : Praxis des internationalen Privat- und Verfahrensrechts, 27

Art der Publikation: Forschungsartikel（Zeitschrift）

The Commission's 2007 Green Paper on the Consumer Acquis: deliberate deliberation?

Heiderhoff Bettina, Kenny Mel（2007）

In: European Law Review, 32

Art der Publikation: Forschungsartikel（Zeitschrift）

Gemeinschaftsprivatrecht

Heiderhoff Bettina（2007）

München: Sellier de Gruyter.

Art der Publikation: Fachbuch（Monographie）

Erläuterungen zu der Verordnung（EG）Nr. 1346/2000 des Rates vom 29. Mai 2000 über Insolvenzverfahren

Heiderhoff Bettina, Huber Peter, Gruber Urs, Hass Detlef（2006）

In: Geimer Reinhold, Schütze Rolf A（Hrsg.）, Internationaler Rechtsverkehr in Zivil- und Handelssachen. München: C. H. Beck.

Art der Publikation: Forschungsartikel（Buchbeitrag）

Kapitel 9: Vollziehung von Entscheidungen

Heiderhoff Bettina（2006）

In: Berger Christian（Hrsg.）, Einstweiliger Rechtsschutz im Zivilrecht. Berlin: Erich Schmidt Verlag.

Art der Publikation: Forschungsartikel（Buchbeitrag）

Kapitel 8: Rechtsbehelfe

Heiderhoff Bettina（2006）

In: Berger Christian（Hrsg.）, Einstweiliger Rechtsschutz im Zivilrecht. Berlin: Erich

Schmidt Verlag.

Art der Publikation: Forschungsartikel (Buchbeitrag)

Kapitel 7: Entscheidungen und ihre Wirkungen

Heiderhoff Bettina (2006)

In: Berger Christian (Hrsg.), Einstweiliger Rechtsschutz im Zivilrecht. Berlin: Erich Schmidt Verlag.

Art der Publikation: Forschungsartikel (Buchbeitrag)

Nationaler Verbrauchergerichtsstand nach der Brüssel I-VO?

Heiderhoff Bettina (2006)

In: IPRax : Praxis des internationalen Privat- und Verfahrensrechts, 26

Art der Publikation: Forschungsartikel (Zeitschrift)

Die Wirkung der AGB des Internetauktionators auf die Kaufverträge zwischen den Nutzern

Heiderhoff Bettina (2006)

In: ZIP : Zeitschrift für Wirtschaftsrecht, 27(17)

Art der Publikation: Forschungsartikel (Zeitschrift)

Teilleistung im Kaufrecht

Heiderhoff Bettina, Skamel Frank (2006)

In: Juristenzeitung, 61 (8)

Art der Publikation: Forschungsartikel (Zeitschrift)

Keine Inlandszustellung an Adressaten mit ausländischem Wohnsitz mehr?

Heiderhoff Bettina (2006)

In: Europäische Zeitschrift für Wirtschaftsrecht : EuZW, 17(8)

Art der Publikation: Forschungsartikel (Zeitschrift)

Kapitel 15: Deliktsrecht (Produkthaftung, Produktsicherheit)

Heiderhoff Bettina (2005)

In: Gebauer Martin, Wiedmann Thomas (Hrsg.), Zivilrecht unter europäischem Einfluss. Stuttgart ; München ; Hannover ; Berlin ; Weimar ; Dresden: Richard Boorberg Verlag.

Art der Publikation: Forschungsartikel (Buchbeitrag)

Eine europäische Kollisionsnorm für die Produkthaftung: Gedanken zur Rom II-

Verordnung

Heiderhoff Bettina（2005）

In: GPR : Zeitschrift für das Privatrecht der Europäischen Union, 2(2)

Art der Publikation: Forschungsartikel（Zeitschrift）

Der entscheidene Lebenssachverhalt und die Rechtskraftsperre bei klagebeweisenden Urteilen

Heiderhoff Bettina（2005）

In: Zeitschrift für Zivilprozess : ZZP, 118

Art der Publikation: Forschungsartikel（Zeitschrift）

Zum Verbraucherbegriff der EuGVVO und des LugÜ

Heiderhoff Bettina（2005）

In: IPRax : Praxis des internationalen Privat- und Verfahrensrechts, 25

Art der Publikation: Forschungsartikel（Zeitschrift）

Problems of evidence in online contracts

Heiderhoff Bettina（2005）

In: Heiderhoff Bettina, Żmij Grzegor（Hrsg.）, Law of e-commerce in Poland and Germany. München: Sellier de Gruyter.

Art der Publikation: Forschungsartikel（Buchbeitrag）

Law of e-commerce in Poland and Germany

Heiderhoff Bettina, Żmij Grzegor（Hrsg.）（2005）

München: Sellier de Gruyter.

Art der Publikation: Fachbuch（Herausgegebenes Buch）

Gemeinschaftsprivatrecht

Heiderhoff, Bettina（2005）

München: Sellier de Gruyter.

Art der Publikation: Fachbuch（Monographie）

Grundstrukturen des nationalen und europäischen Verbrauchervertragsrechts : insbesondere zur Reichweite europäischer Auslegung

Heiderhoff Bettina（2004）

München: Sellier de Gruyter.

Art der Publikation: Qualifikationsschrift（Dissertation, Habilitationsschrift）

Schuldrechtliche Ersatzansprüche zwischen Eltern bei Verletzung des Umgangsrechts?
Heiderhoff Bettina (2004)
In: FamRZ : Zeitschrift für das gesamte Familienrecht, 51
Art der Publikation: Forschungsartikel (Zeitschrift)

Vollstreckbarerklärung von Titeln auf Kindesunterhalt im Verhältnis zwischen Deutschland und Österreich
Heiderhoff Bettina (2004)
In: IPRax : Praxis des internationalen Privat- und Verfahrensrechts, 24
Art der Publikation: Forschungsartikel (Zeitschrift)

Die Berücksichtigung des Art. 3 Klauselrichtlinie bei der AGB-Kontrolle
Heiderhoff, Bettina (2003)
In: WM Zeitschrift für Wirtschafts- und Bankrecht, 57(11)
Art der Publikation: Forschungsartikel (Zeitschrift)

Vertrauen versus Vertragsfreiheit im europäischen Verbrauchervertragsrecht
Heiderhoff Bettina (2003)
In: Zeitschrift für europäisches Privatrecht : ZEuP, 11(4)
Art der Publikation: Forschungsartikel (Zeitschrift)

Die Tatsachenbindung des Berufungsgerichts nach der ZPO-Reform
Heiderhoff Bettina (2003)
In: Juristenzeitung, 58(10)
Art der Publikation: Forschungsartikel (Zeitschrift)

Das Vertragsstatut
Heiderhoff Bettina (2002)
In: Jura : juristische Ausbildung, 34(3)
Art der Publikation: Forschungsartikel (Zeitschrift)

Zur Abschaffung der Anschlussberufung
Heiderhoff Bettina (2002)
In: Neue Juristische Wochenschrift, 55(19)
Art der Publikation: Forschungsartikel (Zeitschrift)

Aufteilung des Kostenerstattungsanspruchs nach Prozessübernahme durch den

Insolvenzverwalter?

Heiderhoff Bettina（2002）

In: ZIP : Zeitschrift für Wirtschaftsrecht, 23（35）

Art der Publikation: Forschungsartikel（Zeitschrift）

Bestimmungsrecht nach Art. 40 Abs. 1 S. 2 EGBGB und Anwaltshaftung

Heiderhoff Bettina（2002）

In: IPRax : Praxis des internationalen Privat- und Verfahrensrechts, 22

Art der Publikation: Forschungsartikel（Zeitschrift）

Das Erbrecht des adoptierten Kindes nach der Neuregelung des internationalen Adoptionsrechts

Heiderhoff Bettina（2002）

In: FamRZ : Zeitschrift für das gesamte Familienrecht, 49

Art der Publikation: Forschungsartikel（Zeitschrift）

Einflüsse des europäischen Privatrechts zum Schutz des Verbrauchers auf das deutsche Zivilprozessrecht

Heiderhoff Bettina（2001）

In: Zeitschrift für europäisches Privatrecht : ZEuP, 9（2）

Art der Publikation: Forschungsartikel（Zeitschrift）

Internetauktionen als Umgehungsgeschäfte

Heiderhoff Bettina（2001）

In: MultiMedia und Recht, 4（10）

Art der Publikation: Forschungsartikel（Zeitschrift）

Vertragsstrafe zu Lasten des Bauträgers? - Zu den Möglichkeiten und Grenzen von Auslegung und Inhaltskontrolle nach dem AGB-Gesetz

Heiderhoff Bettina（2000）

In: Zeitschrift für Immobilienrecht : ZfIR, 4

Art der Publikation: Forschungsartikel（Zeitschrift）

Widerklage und ausländische Streitanhängigkeit

Heiderhoff Bettina（1999）

In: IPRax : Praxis des internationalen Privat- und Verfahrensrechts, 19

Art der Publikation: Forschungsartikel（Zeitschrift）

Die Berücksichtigung ausländischer Rechtshängigkeit in Ehescheidungsverfahren
Heiderhoff Bettina (1998)
Bielefeld: Gieseking.
Art der Publikation: Qualifikationsschrift (Dissertation, Habilitationsschrift)

Schriftform bei langfristigen Mietverträgen und „Loseblatt"-Rechtsprechung des BGH
Heiderhoff Bettina (1998)

[プロジェクト]

"Roundtable - Families on the Move: Asylum Law and International Family Law", 08.-09.02.2019 in Münster
Laufzeit: 08.02.2019 - 09.02.2019
Gefördert durch: Fritz Thyssen Stiftung - Tagungsförderung
Art des Projekts: Wissenschaftliche Veranstaltung

Evaluierung der FGG-Reform, zweijähriges Forschungsprojekt im Auftrag des Bundesjustizministerium gemeinsam mit der INTERVAL GmbH, Berlin.
Laufzeit: 01.01.2016 - 31.12.2017
Art des Projekts: Eigenmittelprojekt

"Support to Civil Code and Property Rights", Projekt im Auftrag der EU als Short Term Expert für ein Konsortium unter Leitung der GIZ
Laufzeit: 01.09.2015 - 30.06.2016
Art des Projekts: Eigenmittelprojekt

[講演]

Wahrung der Interessen des Kindes im Elternstreit
Heiderhoff, Bettina (07.02.2015)
Symposium 80. Geburtstag von Prof. Dr. Wilfried Schlüter, Universtiät Münster, Münster, Deutschland
Art des Vortrags: wissenschaftlicher Vortrag

Surrogacy children in no-man's-land?
Heiderhoff, Bettina (29.09.2014)
Lecture on Familiy Law, University of Virginia, Charlottesville, U.S.
Art des Vortrags: wissenschaftlicher Vortrag

Auswirkungen der Reproduktionsmedizin auf das Familienrecht

Heiderhoff, Bettina (05.06.2014)

Familie und Reproduktionsmedizin - Ethische, theologische und politische
Aspekte , Zentrum für Gesundheitsethik (ZfG), Hannover, Deutschland

Art des Vortrags: wissenschaftlicher Vortrag

Kommen die Betroffenen zu ihrem Recht? - rechtswissenschaftliche Perspektive

Heiderhoff, Bettina (24.01.2014)

Fünf Jahre FamFG — Kommen die Betroffenen zu ihrem Recht?, Institut für soziale
Arbeit e.V., Dortmund, Deutschland

Art des Vortrags: wissenschaftlicher Vortrag

Current Legal Issues Relating to the Community of Accrued Gains in Germany

Heiderhoff, Bettina (07.11.2013)

Matrimonial Property Regime - Participation in Adquisitions and other Compensation
Mechanisms between Spouses, School auf Law (University of Barcelona), Barcelona,
Spain

Art des Vortrags: wissenschaftlicher Vortrag

編訳者あとがき

　本書は、40年以上続く中央大学法学部とミュンスター大学法学部との交流協定（現在は両大学の全学協定）に基づき、2023年5月8日から6月3日まで客員教授として中央大学法学部を訪問されたミュンスター大学法学部教授ベッティナ・ハイダーホフ博士による、講演・講義録を基にして編まれるものである。

　ハイダーホフ教授は、「さまざまな領域のテーマに取り組めるということ」が法学者の利点の一つであると述べておられるように、家族法を中心としつつも、ヨーロッパ私法、国際私法、基本法（憲法）等々、幅広い分野でアクチュアルな法的問題（もちろん、社会的背景があっての問題であるわけであるが）について研究活動を展開している気鋭の法学者である。

　ハイダーホフ教授は、今回の中央大学訪問にあたって、三つの原稿を準備された。それらは、実際の講演・講義で講じられたものよりはるかに長い論考である。教室では、これらの論考の内容の一部が、全体の論旨に沿った形で講じられた。本書に収録するのは、ハイダーホフ教授が準備された完全原稿の邦訳である。読者にとっては、三つの論考が扱っているテーマについて、ドイツでのアクチュアルな議論の内容を詳しく理解できるものになっていると思う。他方で、実際の講義の場面でハイダーホフ教授が、日本の学生の理解を助けるためになされた工夫は、残念ながら本書では示されてはいない。それは、教室で直に講義を受けた者の特権であったということができよう。各講義は以下の順に行われた。なお、家族法をテーマとする講義・講演は、日本家族〈社会と法〉学会、家族と法研究会、児童福祉法研究会、養子と里親を考える会にも情報提供し、会場での参加を可能にするとともにオンラインでの同時配信を行った。

① 「婚姻イメージの変化と婚姻法の変化——基本法6条1項を背景とした婚姻法の今日的課題——」（本書第2章）：5月22日（月）、於・中央大学法学部茗荷谷キャンパス2E08教室

② 「デジタルコンテンツに関する消費者契約に対する欧州連合（EU）の新しい法規制」（本書第3章）：5月23日（火）、於・上記キャンパス 5C04 教室

③ 「現代血統法の目的に関する比較法的考察」（本書第1章）、於・上記キャンパス 2E04 教室

　この講演に関する論考 ② の邦訳にあたっては、中央大学法学部の同僚である原田剛教授に日本語表現を中心にしたチェックを行っていただいた。この場を借りてお礼申し上げたい。

　③の講演は、Anliegen des Abstammungsrechts aus einer rechtsvergleichenden Perspektive In: Büchler, Andrea; Fankhauser, Roland (Hrsg.), Zehnte Schweizer Familienrecht § Tage : 9./10. September 2022 in Zürich. Bern: Stämpfli AG. (2023) を基にして、ドイツの 2024 年4月9日の連邦憲法裁判所判決（1 BvR 2017/21）の内容を踏まえた内容に改訂されたものである。

　このほかに、ハイダーホフ教授は、中央大学大学院法学研究科の家族法特講および演習の時間に、家族法を専攻する大学院生の論文構想報告を聞いたうえで、個別に質疑応答、論文指導を実施した。さらに中央大学日本比較法研究所の共同研究グループの研究会で質疑応答および学術的助言を行った。また、法学部においてミュンスター大学法学部との交換留学についての説明会を開催し、ミュンスター大学での学習・教育・生活環境について解説・説明を実施した。

　ハイダーホフ教授の中央大学への招聘は、当初 2021 年度に予定されていた。しかし、コロナパンデミックの影響を受けて延長され、ようやく 2023 年度に実施にこぎつけたものである。この待機期間中、ハイダーホフ教授は、日本語学習を開始し、その学習は本書編集中の 2024 年夏も継続されていて、日常的な日本語会話は可能なほどになっている。40 年以上の長きにわたるミュンスター大学法学部との交流の歴史の中で、本格的に日本語を学習し、その習得を目指しているのはハイダーホフ教授のみであると思われる。この意味でも、今

後、ハイダーホフ教授と中央大学に限らない日本との学術的交流はますます広がるものと考えられる。本書は、そのような交流の嚆矢となることを確信するものである。

編訳者を代表して
2024 年 9 月 8 日

鈴木　博人

ベッティナ・ハイダーホフ教授経歴

1966 年　生まれ。

1985 年から 1990 年まで、トリーア、オックスフォード、レーゲンスブルク、ユトレヒトの各大学で法律学を学ぶ。

1990 年　第一次司法試験合格。

1991 ～ 1994 年　ベルリンで司法修習。

1994 年　第二次司法試験合格。

1994 ～ 2006 年　ライプツィヒ大学教授 E. ベッカー-エーベルハルト（E. Becker-Eberhard）博士の下で、学術助手、助手、上級助手を務める。

1997 年　「外国で継続中の事件の顧慮について」で博士号取得。

2003 年　教授資格取得論文「国内および欧州の消費者保護法の基本構造—特に欧州の解釈の射程範囲について」で教授資格取得。

2003 年夏学期　レーゲンスブルク大学の民法、ローマ法、比較法史講座代行。

2006 年夏学期　ライプツィヒの技術、経済、芸術大学の民法教授。

2006 年、2008 年、2011 年　アンカラのビルケント大学客員教授。

2006 年 10 月～ 2013 年 3 月　ハンブルク大学で相続法、家族法、ヨーロッパ私法を専門とする民法の教授。

2013 年 4 月より、ヴェストファーレン・ヴィルヘルム・ミュンスター大学で民法、国際私法、国際民事手続法教授。

2013 年 4 月より、ドイツならびに国際家族法研究所所長

2013 年 4 月より、ヨーロッパ私法研究所共同所長

2014 年 10 月　ニューヨーク大学客員教授

2023 年 5 月　中央大学法学部客員教授

2024 年 1 月　ウィーン大学民事訴訟法研究所客員教授

編訳者紹介

鈴木博人
すず き ひろ ひと

中央大学法学部教授

マーク・デルナウア

中央大学法学部教授

ドイツ家族法・デジタルコンテンツ法の現代的課題

日本比較法研究所翻訳叢書 (89)

2025 年 3 月 5 日　初版第 1 刷発行

編 訳 者　鈴 木 博 人
マーク・デルナウア

発 行 者　松 本 雄 一 郎

発 行 所　中 央 大 学 出 版 部

〒192-0393
東 京 都 八 王 子 市 東 中 野 742-1
電話 042(674)2351 FAX 042(674)2354

©2025　Hirohito Suzuki　ISBN 978-4-8057-0390-8　　惠友印刷㈱

本書の無断複写は、著作権法上での例外を除き、禁じられています。
複写される場合は、その都度、当発行所の許諾を得てください。

日本比較法研究所翻訳叢書

0	杉山直治郎訳	仏 蘭 西 法 諺	B 6 判 （品切）
1	F. H. ローソン 小堀憲助他訳	イギリス法の合理性	A 5 判 1320円
2	B. N. カドーゾ 守屋善輝訳	法 の 成 長	B 5 判 （品切）
3	B. N. カドーゾ 守屋善輝訳	司 法 過 程 の 性 質	B 6 判 （品切）
4	B. N. カドーゾ 守屋善輝訳	法 律 学 上 の 矛 盾 対 立	B 6 判 770円
5	P. ヴィノグラドフ 矢田一男訳	中世ヨーロッパにおけるローマ法	A 5 判 （品切）
6	R. E. メガリ 金子文六他訳	イギリスの弁護士・裁判官	A 5 判 1320円
7	K. ラーレンツ 神田博司他訳	行 為 基 礎 と 契 約 の 履 行	A 5 判 （品切）
8	F. H. ローソン 小堀憲助他訳	英米法とヨーロッパ大陸法	A 5 判 （品切）
9	I. ジェニングス 柳沢義男他訳	イギリス地方行政法原理	A 5 判 （品切）
10	守屋善輝編	英 米 法 諺	B 6 判 3300円
11	G. ボーリー他 新井正男他訳	〔新版〕消 費 者 保 護	A 5 判 3080円
12	A. Z. ヤマニー 真田芳憲訳	イスラーム法と現代の諸問題	B 6 判 990円
13	ワインスタイン 小島武司編訳	裁判所規則制定過程の改革	A 5 判 1650円
14	カペレッティ編 小島武司編訳	裁判・紛争処理の比較研究(上)	A 5 判 2420円
15	カペレッティ 小島武司他訳	手 続 保 障 の 比 較 法 的 研 究	A 5 判 1760円
16	J. M. ホールデン 高窪利一監訳	英 国 流 通 証 券 法 史 論	A 5 判 4950円
17	ゴールドシュタイン 渥美東洋監訳	控 え め な 裁 判 所	A 5 判 1320円

日本比較法研究所翻訳叢書

18	カペレッティ編 小島武司編訳	裁判・紛争処理の比較研究(下)	A 5 判 2860円
19	ドゥローブニク 他編 真田芳憲他訳	法社会学と比較法	A 5 判 3300円
20	カペレッティ編 小島・谷口編訳	正義へのアクセスと福祉国家	A 5 判 4950円
21	P. アーレンス編 小島武司編訳	西独民事訴訟法の現在	A 5 判 3190円
22	D. ヘーンリッヒ編 桑田三郎編訳	西ドイツ比較法学の諸問題	A 5 判 5280円
23	P. ギレス編 小島武司編訳	西独訴訟制度の課題	A 5 判 4620円
24	M. アサド 真田芳憲訳	イスラームの国家と統治の原則	A 5 判 2136円
25	A. M. プラット 藤本・河合訳	児童救済運動	A 5 判 2669円
26	M. ローゼンバーグ 小島・大村編訳	民事司法の展望	A 5 判 2456円
27	B. グロスフェルト 山内惟介訳	国際企業法の諸相	A 5 判 4400円
28	H. U. エーリヒゼン 中西又三編訳	西ドイツにおける自治団体	A 5 判 (品切)
29	P. シュロッサー 小島武司編訳	国際民事訴訟の法理	A 5 判 (品切)
30	P. シュロッサー他 小島武司編訳	各国仲裁の法とプラクティス	A 5 判 1650円
31	P. シュロッサー 小島武司編訳	国際仲裁の法理	A 5 判 1540円
32	張晋藩 真田芳憲監修	中国法制史(上)	A 5 判 (品切)
33	W. M. フライエンフェルス 田村五郎編訳	ドイツ現代家族法	A 5 判 (品切)
34	K. F. クロイツァー 山内惟介監修	国際私法・比較法論集	A 5 判 3850円
35	張晋藩 真田芳憲監修	中国法制史(下)	A 5 判 4290円

日本比較法研究所翻訳叢書

36	G. レ ジ ェ 他 山野目章夫他訳	フランス私法講演集	A 5 判 1650円
37	G. C. ハ ザ ー ド 他 小 島 武 司 編訳	民事司法の国際動向	A 5 判 1980円
38	オトー・ザンドロック 丸 山 秀 平 編訳	国際契約法の諸問題	A 5 判 1540円
39	E. シ ャ ー マ ン 大 村 雅 彦 編訳	ＡＤＲと民事訴訟	A 5 判 1430円
40	ルイ・ファボルー他 植野妙実子編訳	フランス公法講演集	A 5 判 3300円
41	S. ウ ォ ー カ ー 藤 本 哲 也 監訳	民衆司法——アメリカ刑事司法の歴史	A 5 判 4400円
42	ウルリッヒ・フーバー他 吉 田 豊・勢 子 訳	ドイツ不法行為法論文集	A 5 判 8030円
43	スティーヴン・L. ペパー 住 吉 博 編訳	道徳を超えたところにある法律家の役割	A 5 判 4400円
44	W. マイケル・リースマン他 宮 野 洋 一 他訳	国家の非公然活動と国際法	A 5 判 3960円
45	ハインツ・D. アスマン 丸 山 秀 平 編訳	ドイツ資本市場法の諸問題	A 5 判 2090円
46	デイヴィド・ルーバン 住 吉 博 編訳	法律家倫理と良き判断力	A 5 判 6600円
47	D. H. ショイイング 石 川 敏 行 監訳	ヨーロッパ法への道	A 5 判 3300円
48	ヴェルナー・F. エブケ 山 内 惟 介 編訳	経済統合・国際企業法・法の調整	A 5 判 2970円
49	トビアス・ヘルムス 野 沢・遠 藤 訳	生物学的出自と親子法	A 5 判 4070円
50	ハインリッヒ・デルナー 野 沢・山 内 編訳	ドイツ民法・国際私法論集	A 5 判 2530円
51	フリッツ・シュルツ 眞田芳憲・森 光 訳	ローマ法の原理	A 5 判 (品切)
52	シュテファン・カーデルバッハ 山 内 惟 介 編訳	国際法・ヨーロッパ公法の現状と課題	A 5 判 2090円
53	ペーター・ギレス 小 島 武 司 編	民事司法システムの将来	A 5 判 2860円

日本比較法研究所翻訳叢書

54	インゴ・ゼンガー 古積・山内 編訳	ドイツ・ヨーロッパ民事法の今日的諸問題	A5判 2640円
55	ディルク・エーラース 山内・石川・工藤 編訳	ヨーロッパ・ドイツ行政法の諸問題	A5判 2750円
56	コルデュラ・シュトゥンプ 楢﨑・山内 編訳	変革期ドイツ私法の基盤的枠組み	A5判 3520円
57	ルードフ・V. イエーリング 眞田・矢澤 訳	法学における冗談と真面目	A5判 5940円
58	ハロルド・J. バーマン 宮島直機訳	法 と 革 命 Ⅱ	A5判 8250円
59	ロバート・J. ケリー 藤本哲也監訳	アメリカ合衆国における組織犯罪百科事典	A5判 8140円
60	ハロルド・J. バーマン 宮島直機訳	法 と 革 命 Ⅰ	A5判 9680円
61	ハンヅ・D. ヤラス 松原光宏編	現代ドイツ・ヨーロッパ基本権論	A5判 2750円
62	ヘルムート・ハインリッヒス他 森 勇 訳	ユダヤ出自のドイツ法律家	A5判 14300円
63	ヴィンフリート・ハッセマー 堀内捷三監訳	刑罰はなぜ必要か 最終弁論	A5判 3740円
64	ウィリアム・M. サリバン他 柏木 昇 他訳	アメリカの法曹教育	A5判 3960円
65	インゴ・ゼンガー 山内・鈴木 編訳	ドイツ・ヨーロッパ・国際経済法論集	A5判 2640円
66	マジード・ハッドゥーリー 眞田芳憲訳	イスラーム国際法 シャイバーニーのスィヤル	A5判 6490円
67	ルドルフ・シュトラインツ 新井 誠訳	ドイツ法秩序の欧州化	A5判 4840円
68	ソーニャ・ロートエルメル 只木 誠監訳	承諾, 拒否権, 共同決定	A5判 5280円
69	ペーター・ヘーベルレ 畑尻・土屋 編訳	多元主義における憲法裁判	A5判 5720円
70	マルティン・シャウアー 奥田安弘訳	中東欧地域における私法の根源と近年の変革	A5判 2640円
71	ペーター・ゴットバルト 二羽和彦編訳	ドイツ・ヨーロッパ民事手続法の現在	A5判 2750円

日本比較法研究所翻訳叢書

72	ケネス・R.ファインバーグ 伊藤壽英訳	大惨事後の経済的困窮と公正な補償	A 5 判 2860円
73	ルイ・ファヴォルー 植野妙実子監訳	法にとらわれる政治	A 5 判 2530円
74	ペートラ・ポールマン 山内惟介編訳	ドイツ・ヨーロッパ保険法・競争法の新展開	A 5 判 2310円
75	トーマス・ヴュルテンベルガー 畑尻剛編訳	国家と憲法の正統化について	A 5 判 5610円
76	ディルク・エーラース 松原光宏編訳	教会・基本権・公経済法	A 5 判 3740円
77	ディートリッヒ・ムルスヴィーク 畑尻剛編訳	基本権・環境法・国際法	A 5 判 7040円
78	ジェームズ・C・ハウエル他 中野目善則訳	証拠に基づく少年司法制度構築のための手引き	A 5 判 4070円
79	エイブラム・チェイズ他 宮野洋一監訳	国際法遵守の管理モデル	A 5 判 7700円
80	トーマス・ヘェーレン編 山内惟介編訳	ミュンスター法学者列伝	A 5 判 7370円
81	マティアス・カスパー 小宮靖毅編訳	コーポレート・ガバナンス、その現下の課題	A 5 判 1430円
82	エリック・ヒルゲンドルフ 髙橋直哉訳	医事刑法入門	A 5 判 3410円
83	ピエール=イヴ・モンジャル 西海・兼頭訳	欧州連合・基本権・日欧関係	A 5 判 1760円
84	ニールス・ペーターゼン 柴田・德本・鈴木・小野寺訳	公法における比例原則と家族法におけるヨーロッパ人権条約の機能	A 5 判 1540円
85	ベルンハルト・グロスフェルト 山内惟介訳	標と数の法文化	A 5 判 3960円
86	於興中 梶田幸雄・柴裕紅編訳	法の支配と文明秩序	A 5 判 3080円
87	ヴィール・コラート他編 杉浦宣彦訳	欧州金融規制	A 5 判 9350円
88	トーマス・J・ミチェリ 髙橋直哉訳	刑罰のパラドックス	A 5 判 4180円

＊表示価格は税込みです。